农村经济发展的金融支持研究

NONGCUN JINGJI FAZHAN DE JINRONG ZHICHI YANJIU

吴俊杰 高 静 著

ZHEJIANG UNIVERSITY PRESS
浙江大学出版社 | 全国百佳图书出版单位

图书在版编目（CIP）数据

农村经济发展的金融支持研究 / 吴俊杰，高静著.
-- 杭州：浙江大学出版社，2020.6
ISBN 978-7-308-20197-1

Ⅰ.①农… Ⅱ.①吴… ②高… Ⅲ.①农村金融—金融支持—研究—中国 Ⅳ.①F832.35

中国版本图书馆CIP数据核字（2020）第077621号

农村经济发展的金融支持研究

吴俊杰 高 静 著

责任编辑	季峥（really@zju.edu.cn）
责任校对	王晴
封面设计	龚亚如
出版发行	浙江大学出版社
	（杭州市天目山路148号 邮政编码310007）
	（网址：http://www.zjupress.com）
排 版	杭州兴邦电子印务有限公司
印 刷	虎彩印艺股份有限公司
开 本	710mm×1000mm 1/16
印 张	14
字 数	311千
版 印 次	2020年6月第1版 2020年6月第1次印刷
书 号	ISBN 978-7-308-20197-1
定 价	86.00元

前　言

推动经济发展,金融是命脉。

推动农村经济发展,金融支持是关键,是破解中国"三农"(农村、农业和农民)问题的着力点、促进农村走向复兴的主动力。因此,关注与研究农村金融成为学术界的一个重要课题。新中国成立后,从农村信用合作社、农业发展银行、邮政储蓄银行等正规金融机构的建设,到如今合作性银行、政策性银行、商业性银行等正规金融机构与互助社、民间借贷等非正规金融协同发展,农村金融不断获得新突破,农村金融创新取得新进展,农村金融对促进农村经济发展有巨大的推动作用。

多年以来,国家都极其重视农村金融体系建设与制度创新。历年中央"一号文件"都会将农村金融工作作为重要板块。2017年,在《中共中央　国务院关于深入推进农业供给侧结构性改革　加快培育农业农村发展新动能的若干意见》"一号文件"中,国家从六个方面提出要继续鼓励农村金融创新,并重点加强"农村金融立法、互联网金融监管与互助合作金融"。"十三五"规划纲要在重大改革方面提出深化农村集体产权、农业支持保护制度、农村金融改革,为加快推进中国特色农业农村现代化提供制度保障。

然而,农村经济发展过程中,普通农户和新型经营主体依然面对融资难题。从宏观上考察,存在着国家职能部门之间的政策隔离和区域经济发展规划布局的重心差异的问题;从微观上看,农村金融融资主体信用体系建设滞后、金融机构服务意识不强、农村非正规金融乱象丛生等难题。因此,国家提出的农村金融创新举措落地困难,农民融资难、融资贵,农村金融缺口大的问题依然严峻。基于此,本书从六个方面阐明了农村经济发展中的金融支持研究结果,以期践行国家提出的农村金融创新宗旨,形成农村领域的良好金融生态。

首先,本书梳理了金融的基本概念、范畴与功能,回顾了我国农村金融的发展历程,让读者熟悉中国农村金融发展的脉络;其次,基于金融深化理论、内生增长理论阐释了农村金融对农村经济发展的作用机理,并结合中国发展的重大战略部署,进一步阐释金融支持对我国"三农"问题与新型城镇化发展的支持路径;然后,在理论分析的基础上,提出了农村金融支持的体系架构,主要包括农村金融约束与金融支持、构建原则,金融供给主体和需求主体,形成本研究的理论架构;再则,继续聚焦我国农村金融发展现状,深度剖析农村金融支持不足的表现与成因;在此基础上,考察了以美国、德国、日本等为代表的发达国家,以及以印度、巴西、孟加拉国为代表的发展中国家在农村经济发展过程中农村金融体系建设的成功经验,并从中借鉴对中国农村金融体系构建有用的经验;最后,在理论分析、现实检验以及域外借鉴的基础上,从金融制度改革、支持体系建设、金融工具创新与市场环境优化四个方面讨论如何建构支持农村经济发展的金融支持与提出创新对策。

值得欣喜的是,我国 2017 年第 1 季度农业固定资产投资同比增长 17%,显著高于全社会固定资产投资增速;农业巨头和互联网大腕积极布局农村;国家出台的农村两权融资,通过财政资金撬动了社会资本,对缓解农村贷款困难是一关键举措。2017 年 4 月,在上海落地的农业区块链项目,不仅会成为农村金融领域的重大创新,而且将带来整个产业的颠覆与重构。

感谢本书写作过程中给予支持的各位专家与学者,特别感谢重庆市农业委员会给予的调研支持;感谢学术界同行对知识的分享,你们笃定情深的科研精神,始终是我前进的动力;感谢西南大学经济与管理学院硕士研究生丁甜甜、龚燕玲、李瑛三位同学的帮助,以及浙江省哲学社会科学规划课题一般项目(项目编号:18NDJC273YB)、教育部人文社会科学研究西部和边疆地区项目(项目编号:13XJC630006)、国家社会科学基金青年项目(项目编号:14CGL029)给予的资助。

　　本书可供研究中国农村经济或农村金融的同行借鉴,也适合本科阶段农村经济管理专业的同学作为学习参考用书。希望拙著能给你们的研究和学习提供帮助。

　　由于时间和才能有限,本书难免有疏忽不足之处,敬请同行批评指正。希望我们的研究能为中国农村金融创新发展提供有益帮助,也祝愿我国农村复兴繁荣。

目　录
CONTENTS

第一章

导　论

第一节　农村金融的相关概念

一、金融的本质及作用

在经济发展的进程中,不断有经济学家、社会学家探索金融的源头问题,每个年代都有其独特的看法。古典经济学认为经济发展的三要素是土地、资本、劳动,而现代经济理论中,又增加了科技进步与制度创新两大重要因素。综合来看,近几百年来,不管是发达国家,还是发展中国家,在现代经济的高度发达过程中,有一个因素的作用越来越强,那就是金融。

"金融"这一词最早见于 1915 年出版的《辞源》中,1937 年出版的《辞海》中也有出现,但并没有对其有一个一致的定义。在 20 世纪 60 年代的《辞海》试用本和 1979 年版的释文中是这样描述的:货币资金的融通,一般指与货币流通和银行信用有关的一切活动,主要通过银行的各种业务来实现。如货币的发行、流通和回笼,存款的吸收和提取,贷款的发放和收回,国内外汇兑的往来,资本主义制度下贴现市场和证券市场的活动等,均属于金融范畴。

《新帕尔格雷夫经济学大辞典》中将金融定义为资本市场的运营,资本资产的供给与定价,包括有效的市场、风险与收益、替代与套利、期权定价四个方面的内容。但金融的中心是资本市场的运营、资本资产的供给与定价。刘鸿儒(1996)则认为金融有广义和狭义之分,广义的金融指一切与信用货币的发行、保管、兑换、结算、融通有关的经济活动,还包括金银的买卖;狭义的金融专指信用货币的融通。博迪和莫顿(2000)指出,金融学是研究人们在不确定的环境中如何进行资源的时间配置的科学,这主要是从微观层面对金融的含义进行分析,缺乏宏观层面的把控。

熊德平(2007,2009)在其国家社会科学基金研究报告《农村金融与农村经济协调发展研究》以及论文《农村金融与农村金融发展:基于交易视角的概念重构》中,针对既有定义的缺陷,重新定义了农村金融与农村金融发展的概念,并基于该定义形成了系统的农村金融与农村经济协调发展理论,构建了我国农村金融与农村经济协调发展的机制与模式,提出了相关政策建议。该概念及其基础上的成果,值得农村金融理论研究、政策制定和实际应用时借鉴和思考。

尽管对"金融"概念的界定还没有得到统一,但是对于金融在现代商品经济中发挥的重要作用正在逐渐变得强大这一点,各国学者都是相当认可的。传统计划经济中的运行规律是资金要以生产活动为中心进行流动,在实施生产计划、物资分配计划和经济核算的过程中,货币资金只是作为一种工具而存在,完全没有主动性存留。商品经济和市场经济中的运行规律是生产以资金的流动为中心进行活动,货币资金发挥了自身的主动性,引导了生产要素的生产与配置。金融摆脱了一开始作为商品交换辅助工具的身份,转变为经济活动中一个独立的重要因素。一方面,金融通过调节储蓄和投资的增减,优化配置资源,为资源交换活动提供便利,加快经济的发展速度;另一方面,经济的发展也需要金融的不断强大来支撑。

二、金融对经济发展的作用

(一)金融具有调节经济的作用

早期古典经济学家就谈论过货币的经济调节功能。例如,当物物交换停止,货币成为商业的通用工具时,每件具体的商品更频繁地同货币而不是同其他商品进行交换。从国家角度看,这种起良好调节作用的货币的发行人究竟是政府还是银行无关紧要,无论由谁发行都同样是增加财富。在现代经济中,建立和完善国家宏观调控体系的过程中,金融处于非常重要的位置。金融业是连接国民经济各个部门的桥梁,是国家经济的信贷收入支出、现金收入支出以及结算的中心,在国家经济活动中如神经中枢一般地存在。金融活动可以反映经济运行中的新形势、新问题、新趋势。同时,利率、汇率、信贷规模和结算等金融手段会对微观经济主体产生直接的影响。国家可以通过中央银行制定货币政策,使用货币贷款限制配额和调整利率等措施,来满足宏观经济政策的需要,在适当的时候控制货币供给的数量和结构,来调节经济发展的规模、速度和效率,促进经济发展。

(二)金融具有渗透扩散的功能

金融服务于经济发展,更具有渗透经济的功能。

金融主要依靠现代信用的模式、手段以及工具来发挥渗透扩散的功能。它自身有一个相对合理且具有稳定性的渗透和制约机制,范围相当广泛,各个行业之间,以及金融机构与财政机构、中央与地方、国家企业与个人之间都存在着这一机制。该机制的作用方式是在各种类型的金融资产之间进行相互转移交换,促使资金能够在一个更广阔的空间、更宽广的范围内以更快的速度流动。如今,互联网技术的广泛应用,使得金融资本在跨国、跨界流动数额更大、频率更高,金融的渗透扩散功能更为广泛。

(三)金融具有为经济一体化奠定基础的作用

金融除了能够实现资金的有效流通、资源的优化配置、资本的高速运行等功能,还可以为经济一体化的发展奠定基础。在现代经济生活中,作为重要的经济资源,货币资金能够贯穿社会经济发展的整个进程,起到连接社会经济各个方面的作用。货币资金的运行广泛存在于现代经济活动的方方面面。

从狭义的经济一体化角度看,金融在本地区的范围内,连接着包括各个行业、各个单位、各个部门之间的生产经营活动,对调节经济运行、加强本地区内的交流合作起到了重要的作用;从广义的经济一体化角度看,随着经济全球化的日益加深,资金和资源的配置不再局限于本国,而是在国际范围内进行,金融的重要作用逐渐转向国际政治经济文化的交往,在国际贸易、资金转移和增强国际经济技术合作等领域同样起着非常重要的作用。以中国为例,围绕"一路一带"倡议设立的亚洲基础设施投资银行,主要致力于亚洲区域的建设互联互通化和经济一体化,加强中国与其他亚洲国家和地区的合作。其他国内银行也在沿线国家积极设立分支机构。例如,2017 年,中国银行已在沿线 16 个国家设立分支机构,跟进境外重大项目约 460 个,项目总投资额超过 4372 亿美元,提供意向性授信支持超过 1005 亿美元,为亚洲区域经济一体化进程提供了重要的金融支持。

(四)良好的金融环境可以为经济发展提供资本支持

马尔萨斯认为储蓄只有在转化为现实的投资之后,才能通过资金的增值实现经济的实质增长。从理论上分析,居民储蓄—投资直接转化率越高,就意味着效率越高,从而带来经济的增长和生活水平的提高。一方面,通过吸收存款和发行有价证券、向国外借款等将资金盈余单位的闲置资金组织起来;另一方面,通过发放贷款、贴现、票据、购买有价证券等方式将已有的资金提供给资金的赤字单位(见图 1-1)。从图中我们可以看出,整个金融市场存在直接融资和间接融资两种形式,两者是相辅相成、相互促进的。在商品经济不发达的国家和地区,私人之间的直接借贷占据重要地位,比如我国浙江、福建地区存在的钱庄,依然在经济发展中发挥着重要作用,当然,这需要良好的社会信用为基础;在商品经济高度发达国家和地区,更多的是以金融机构为中介的间接融资,这能够突破资金的流动边界,发挥资金盈余单位的资本规模化效应,对赤字单位也要求具备良好的信用,这就需要中介机构在信用体系建设、信用监管方法中起到主导作用。

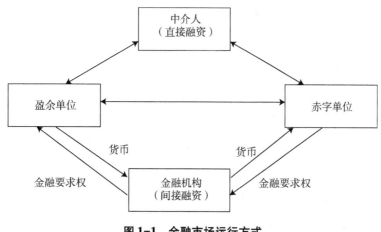

图 1-1 金融市场运行方式

第二节 农村金融的范畴、职能及重要性

一、农村金融的定义与功能

(一)农村金融的定义

在理论上,农村金融应当包含一系列内涵丰富的金融产品和服务,如储蓄、信贷、结算、保险、投资、理财、信托等,以及与之相对应的金融组织体系。在现实经济发展中,农村金融能够适应农村经济发展的金融需求,会随环境变化不断动态演化。从广义上看,金融是重新整理使用现有的生产要素,实现同样或更高价值的体现。金融的本质是价值之间的流转。过去主要是对货币资金的流转进行研究,但是现代金融不仅仅研究资金的流转问题,还把重心转移到研究金融在经营过程中怎样通过资本的流转来促进交易的进行。农村金融是金融的其中一个部分,对其定义就是在界定其作用的范围。农村金融包括含有农村经济主体的金融成分和在农村从事业务活动、为农村的发展服务的金融主体。

从金融功能的角度来看,农村金融不单指为农业发展提供信用贷款服务的机构组织,也包括对农村经济发展能够做出贡献的经济实体。

　　从地理意义的角度来看,农村金融是指与"农村经济发展"的金融需求相对应、促进农村经济发展的"金融",不应该限制在"农村"地域身份范围内。因此,农村金融包括农村地区的各种金融组织机构和一部分服务于农业发展的城镇金融组织。

　　从组织形式的角度来看,农村金融主要包括正规金融机构和非正规金融机构。正规金融机构是指受一般的法律约束并由专门的银行监管机构监管的金融机构。这些机构可以是开发银行、商业银行、邮政银行以及经过合法注册的、提供金融服务的非银行金融机构。与之对应,非正规金融机构指的是未经注册并且不受正规监管机构监管的机构。我国农村非正规金融组织形式及其法律状态见表1-1。

表1-1　我国农村非正规金融组织形式及其法律状态

主要类型	具体表现形式	规范化程度	法律状态
商业化银行	农村民营商业银行、村镇银行、民办信用合作社	高	合法
小额信贷	扶贫贴息贷款、小额贷款公司、私人银行	高	合法
社会保障	保险公司	中	合法
民间自由借贷	个人或家庭之间自发的直接借贷、租赁	低	合法
社会性聚会	合会、摇会、台会、标会	低	未规制
民间集资	典当行、信托投资公司、股权投资机构	中	被抑制
其他	农村合作基金会	中	政策性取缔

　　(二)农村金融的特点

　　从地理意义上分析,多数农村金融机构地处农村,所以本研究主要把处于农村地区的农村金融组织机构作为分析对象。相对于城市金融机构,农村金融的特点非常明显,详细情况如表1-2所示。

表 1-2 农村金融的特点

特点	详细说明
风险高	鉴于农业生产具有高风险性,农村金融作为服务于农业发展的行业,相较于普通金融,具有更高的风险
金融交易规模小,次数多	农村金融的户均储蓄和贷款规模较小,加上农村人口基数大,资金匮乏,贷款频次也较多,这与农村收入水平低、农业活动单一的特征有关
缺少规范抵押物	受农村产权瑕疵和农民生产经营活动的制约,农民融资往往难以提供满足现代金融所需要的抵押物品,导致贷款极为困难
市场分散	受地域和农业生产活动的制约,农村金融市场较为分散,提供金融支持的成本较大
信息不对称,监管缺位	放贷人无法得知贷款人的信用状况、产业发展情况、资金使用情况,所以难以监管
补贴性的信贷支持	农业的弱质性导致其需要补贴性的信贷支持,在一定时期补贴性的信贷支持可能占主导地位
基础设施差	相较于城镇,农村金融的基础设施较差

(三)农村金融的功能

金融是经济发展的持续推动力。研究表明,金融发展与农村经济增长具有正相关关系。尤其是对中国农村而言,当前正处于农村全面发展的快速阶段,现代农业健康发展,农村居民收入稳定增长,农民消费支出逐步扩大,农村金融组织类型更加丰富,金融体系日趋完善。总体而言,农村金融对我国农村经济的促进作用主要表现为以下三点。

1. 农村金融促进农村经济全面发展

党的十七届三中全会明确指出"农村金融是现代农村经济的核心"。显然,我国正处于农村经济发展和农村金融体系建设的关键时期。党的十八大明确指出:要加大统筹城乡发展力度,增强农村发展活力,逐步缩小城乡差距,促进城乡共同繁荣;要着力促进农民增收,保持农民收入持续较快增长。党的十九大报告提出:要建立健全城乡融合发展体制机制和政策体系,加快推进农业农村现代化。这足以说明国家对农村金融的重视和大力支持,是因为农村金融能够促进农村的全面发展,详细分析如下。

在建设现代农业的过程中,一是固定资产的投资需要大量的资金支持,而农业经营者自身资金难以支持,需要金融的资本支持,主要表现为借贷融资,城市资本向农村流通,或非农产业资本向农业流通;二是现代农业的生产要素进行了再配置,效率也提升了,资本作为重要的生产要素,必然深度嵌入现代农业发展中。例如,国家金融资本要素的供给,有效撬动了社会资本的投入,产生投资乘数效应;私人资本的投资,有利于建设现代高水平农业园区,或是进行企业自身的产业拓展,直接获得资本的收益回报。

在现代农业产业发展过程中,农村的基础设施建设、国家政策性银行给予的财政资金支持,大大提高了农村公共服务的完善程度。同样,在农民的生活中,生活性消费也有金融的影子,如电器下乡的购置补贴极大地提高了农民的生活水平。如今,农村生活富裕了,钱袋子鼓起来了,农民可以购买各类金融理财产品,普通农户可以上网开淘宝店、做微商,多数普通农户还会使用网络支付,这些都大大提高了经济发展效率和人民生活的便利性。互联网金融也成为农村经济发展过程中一道亮丽的风景线。

2. 农村金融发展促进了农村专业化分工

在市场经济较为发达的今天,商品的分配与交换都是通过货币资金的分配与交换来执行的,农村经济职能专业化特征越来越明显,这也意味着分工更加细化。那么,不同分工主体之间交易数量越大,交易频率越高,需要的货币总量就越大。金融资本在不同分工主体之间的需求数量和周转时间就由分工的特征决定,如农业的生产中,在家庭生产环节,种植、田间管理、收割都以家庭为单位独立完成,现在随着新型农业经营体系的不断完善,农业生产的很多环节被市场细分,每个环节都可以由合作社或其他社会化服务组织来完成,那么这一环节的资本需求量就跃升为 N 个单位。对于这种专业化分工和专业性生产组织的形成,农村金融贡献显著。如农机合作社,购买农机可以获得国家专项资金补贴,此外,新型农业经营主体也需要更多的融资去提高经营绩效。

3. 农村金融的完善与发展可以增强我国农业的竞争力

大农业需要大金融。2017 年中央"一号文件",明确提出推进农业供给侧结构性改革,其主要原因是中国农业在世界范围内竞争力不强。2004 年,中国从农产品净出口国变成了净进口国,而且贸易逆差越来越大。2014 年,农产品贸易逆差从 2004 年的 25 亿美元增加到 505.8 亿美元,10 年间增加了 19 倍以上。而提升中国农业的竞争力,必须采取一系列的措施。比如,增加对农业研发的投入,提升农业科技进步率;增加对农业基础设施的投入,提升农业生产效率;加强对农业生态环境的保护,提高农业人员的专业化水平,做好农业社会化服务体系建设;同步提升农村公共服务水平。这些措施都必须有足够的资金支持,因此,要通过创新农村金融体系,拓展资金获取渠道,提升资本配置效率,确保满足现代农业产业推进过程中的融资需求。

二、农村金融在农村经济中发挥的职能

在我国,农村经济支撑着 5 亿 8000 万农村人口的生计,针对"三农"问题,我国政府部门高度重视,"三农"问题连续 14 年在"一号文件"中被提及,主要涉及农业科技进步、新型经营主体培育、农业基础设施建设、农村金融体系建设等方面,以推进现代农业快速发展。同时,关于农民增收、新型城镇化、城乡一体化发展等也都是"三农"问题的焦点。面对这几个关键性的问题,对于其中的任何一样,农村金融都是不可缺少的、至关重要的推动力,可以说,以上的任何一个目标,在缺乏金融支持的条件下都是不可能实现的。具体说来:

(一)为农村经济持续发展提供资金支持

经济与金融之间一直都是相辅相成、紧密联系的:经济的发展会影响金融的发展,金融又会为经济发展提供资金支持。20 世纪 70 年代,我国对农村的经济体制进行了改革;80 年代,我国在农村地区推行家庭联产承包责任制,从此,我国农民开启了独立生产经营的大门。经济体制改革的巨大力度,给农业生产和农村经济带来了巨大变化,使广大农民的收入产生了质的改变,开始向更好的方向发展。然而农村经济发展到一定程度,各个方面的问题也接踵而来。农村经济的整体结构亟须调整,向多元化、规模化、市场化的方向发展,这就产生了巨大的资金缺口,迫切需要农村金融的大力支持。需求主体对金融产品、金融服务的需求及经济整体对资金规模上、种类上的需求都提出了新的、更高的要求。我国农村经济要想继续良性发展,就会对金融的依赖程度越来越高。但是,长期以来,我国的传统型农业存在着资金等各方面的缺失问题,农村经济发展对各个方面的需求极为迫切,中国传统型的农村经济必须在解决资金资源稀缺的现状下,通过农村经济结构的调整和优化,使农村生产要素配置效率更高,让农村经济在同样的投入下有更大的产出,才能保持持续的发展。如今,在现代农业发展进程中,新型农业经营主体,如农民专业合作社、家庭农场、农业企业等都对金融服务提出了更高的要求,如何在新的历史起点下为现代农业发展提供更完善的金融服务,是政府发展决策的重要板块,更是学界极为关注的热点。

(二)适应农业产业化经营模式

在对我国农业结构进行调整的过程中,出现了一种新的经营模式,也就是农业产业化经营模式。这种模式的好处是显而易见的,在加速农村经济结构调整、提升农村劳动生产效率、增加农民收入、缩小城乡贫富差距等方面都能产生积极作用,同时也促使了农村金融服务需求格局的变化。农业产业化过程实质上是产业链的延伸、分工细化的过程,这样的农村经济发展趋势反映在农村金融上就是金融需求的分化和革新。在农业产业化经营模式下,经营主体对初期投入资金和日常运营资金的需求都会扩大,单个有金融需求的微观主体对资金和农村金融服务的需求在总量上也会显著扩张。而要满足这些需求,需要多方面的支持,包括农民和农村企业自身持有的资金保障,政府提供的有限的农业相关财政支持,以及农村金融的信贷服务。而后,随着农业产业化在深度上的加深和在广度上的拓展,农村经济经营各主体对农村金融服务的需求不再局限于金额数量层面,而是会对农村金融提供服务的种类提出新的要求。在传统的吸收存款、发放贷款以及结算等基本的业务之外,需要更多的现代金融产品、金融创新业务,如对股票、债券、期货、保险、投资基金等金融业务的需求会不断增长,甚至会促进汇兑、租赁、信用卡等银行中间业务需求的增长。

(三)为提高农村经济科技化提供保险支持

科技、金融、保险是发展现代农业的重要支柱。科技对现代农业的促进作用显著。2015年,中国农业科技进步贡献率超过56%,标志着中国农业发展已从过去主要依靠增加资源要素投入转为主要依靠科技进步。农业部门公开数据表明:农作物耕种收综合机械化水平达到63%;农田有效灌溉面积占比超过52%;良种在农业增产中的贡献率达到43%以上;新技术新成果的应用使农田氮磷等的排放量降低60%以上;等等。与此同时,农业信息化工程、农业基因工程、立体灌溉系统、水土流失治理、农业生态维护工程等都取得重要进展。

2016年,我国农业科研投资强度(即农业科研投资占农业GDP的比重)为0.77%,同期全国的科研投资强度为1.7%,农业科研投资强度的国际平均水平是1%,发达国家一般为3%~5%。所以,未来仍然需要资本的支持去提升农业的科研投资强度,但是更为重要的是,完善农业投资的保险机制。通过设立专业的科技保险公司,运用经济手段转移农业研发阶段面临的风险,可以有效激励科研人员用更大的激情和信心进行农业科技研发工作,农户也更愿意尝试使用新的农业技术,这能促进农业科研从研发到实验推广使用全程的产业链建设。

(四)集聚农村闲散资金,吸收农民存款

金融体系对经济的推动力不应该仅止于对资金的储蓄,更应该包括资金的融通以及配置作用。20世纪80年代以后,农村经济增长不再停留在较狭义的实物资本投入和积累上,更全面深入地关注到了技术和人力等多种基础性要素形成的重要性,包括资金资本起到的关键性作用。这些基本要素的匮乏是直接制约农村经济增长的原因,其中,资金资本又是一项比较特殊的内容,资金投入对支持农村经济持续良性增长起着极其重要的作用。目前,我国农村在保险、证券、信托等以金融市场为中介的直接融资水平仍然十分低下,所以资金的融通渠道仍旧主要是依靠银行作为中介进行间接融资。这种情况不单单发生在我国,目前基本上所有国家的农村金融都是以间接融资为主,也就是说,都是把银行作为农村地区的基本金融主体,把基本的信用贷款作为农村地区主要的金融产品,来进行相关的资金流通活动。

在货币时代,人们通过直接持有货币或者以货币购买金融资产的方式来积累财富。直接持有现金的方式是不具有金融性质的,这种非增值的储蓄现金是不会生息的,还可能会遭受通货膨胀的不利影响,其中部分能为社会增加生产资金但是十分有限,且并不能改善农村经济以及农民收入。当农民将闲散资金投入到金融机构购买了金融产品时,比如存款凭证,就有了融资的性质,通过金融机构对资金进行融通,资金就可以进入再生产的过程中。当金融机构内积累了一定水平的资金后,这些资金的一部分可能会转化为消费和投资,进而促进经济发展。

资金的积累不仅仅发生在个人角度,在资源要素总量既定的前提下,农村金融机构对于农村范围的资金应该有由小到大、聚散大众的集聚作用。优化资源要素的配置并实现规模节约是农村经济集约增长的要求,而农业生产资源的优化配置和规模节约都是凭借有效的市场来实现的。这除了要具备有效的商品市场、劳动力市场、技术市场和信息市场,更需要发达的农村金融市场对资金这项特殊的资源进行有效配置。正是有了金融系统对资金的积累和配置,才使得资金和提高生产力之间形成了直接的通道,为农村经济增长集约化程度的提高奠定了基础。农村金融的发展与完善使得农村经济金融化、货币化,农村经济的全面进步形成一个升级演化。

(五)扶贫帮困、全面脱贫,实现全面小康

2020 年,中国全面脱贫,建成小康社会。这是一个伟大的战略,更是一项艰巨的任务。2016 年 10 月,中共十八届五中全会召开,审议通过的《中共中央关于制定国民经济和社会发展第十三个五年规划的建议》中,提出了"共享发展"的理念,以及"我国现行标准下农村贫困人口实现脱贫,贫困县全部摘帽,解决区域性整体贫困"的"十三五"奋斗目标,从而明确将脱贫作为全面建成小康社会最突出的短板和底线目标。

2016 年实现脱贫人口 1240 万人,中央和省级两级政府的资金投入超过了 100 亿元,按此标准计算,实现全面脱贫的目标,需要投入的资金要在 400 亿元左右。如此庞大的资金需求,需要借助金融的力量。从微观上分析,无论是产业扶贫、知识扶贫或智力扶贫,贫困人口对资金需求都极度渴望,因此需要进行融资。但由于自身的条件难以满足商业性金融机构的要求,所以急需政策性金融机构予以大力支持。政策性金融机构可以用多种方式向贫困地区提供援助,比如帮助建设基础设施改善农村人口生活条件,提供扶贫帮困的低息或者无息的政策性贷款或者直接拨付支援经济不发达区域。

第三节　农村经济发展的金融支持研究理论

关于农村经济发展的金融支持研究理论,主要涉及四个方面的理论:一是经济增长理论;二是现代金融发展理论;三是二元经济理论;四是农村金融理论。下面分别予以阐述。

一、经济增长理论

在宏观经济学中,经济增长和经济发展是两个不同的概念,必须将它们区分开来。普遍的观点认为它们的不同之处在怎样考虑制度在其中所起的作用。在把制度结构看作既定条件的情况下,经济增长主要反映的是经济总量的变化问题;而经济发展不仅反映经济总量的变化,制度的变化也会对经济发展产生影响。

从内涵的具体区分上看,两者的区别在于是否考虑经济总量变化时的经济质量问题。即经济增长意味着更多的产出,是指一个国家的产品和劳务数量的持续增加,或人均实际产出的持续增加。衡量指标常用国民生产总值(GNP)、国内生产总值(GDP)或它们的人均数值。经济发展不仅意味着产出总量的持续增加,还意味着经济增长质量的提高。如产业结构的合理化、产业组织的高级化、区域布局的合理化,还包含诸如人口教育水平、社会整体福利水平等社会指标的进步。

经济增长理论的研究重点是放在经济增长的影响因素上,要了解每种因素在经济增长的过程中扮演的是何种角色、对经济增长产生何种影响。下面详细介绍一些西方经济学家对经济增长影响因素的认识。

(1)亚当·斯密认为经济增长的动力主要来源于社会分工。1776年,古典经济学的创始人亚当·斯密(2015)在其划时代的巨著《国民财富的性质和原因的研究》中指出,劳动生产力上最大的增进以及运用劳动时所表现出的熟练、技巧和判断力,似乎都是分工的结果。在这本书中,他强调专业化和劳动分工促进技术进步,是提高劳动生产率促进经济增长的最重要的原因。1817年,李嘉图(2005)在此基础上进行了补充,他认为不仅在生产领域存在社会分工促进经济增长的情况,在分配领域也同样存在这种情况,经济增长主要是因为资本家将除开消费后的所有净收入追加到生产中所形成的资本积累,因此,李嘉图认为促进经济增长的关键因素是资本积累,而社会分工就会促进资本积累。

(2)凯恩斯主义在对经济增长的研究过程中,加深了对资本在经济增长过程中的作用的认识,促使经济增长理论成为世界上许多国家制定经济政策时的指导理论之一。在这方面做出突出贡献的经济学家以哈罗德和多马为代表。主流经济学家普遍认为,哈罗德和多马的经济增长模型的出现,标志着现代经济增长理论的诞生。

1936年,凯恩斯发表了《就业、利息和货币通论》,从此,西方现代宏观经济学登上了历史的舞台。1939年,哈罗德(Harrod,1939)发表了《论动态理论》。1946 年,多马(Domar,1946)发表了《资本扩张、增长率和就业》。这是他们在进一步研究凯恩斯经济增长理论的过程中发表的。这两篇文章都是基于凯恩斯的国民收入决定论而写的,两人得出的结论大致相同,所以文章中建立的两个模型被合称为哈罗德-多马模型。该模型的观点是扩大投资可以增加有效的需求,提高国民收入,在提高生产能力上也有积极的作用。由于投资来源于储蓄,所以储蓄是经济增长的一个重要因素。但是,由于哈罗德-多马模型假定资本报酬率是常数,这就间接地假定了资本和劳动在增长过程中是不能相互替代的,从而使均衡增长的条件(有保证的增长率=自然增长率=实际增长率)难以满足,即要想在充分就业条件下取得经济的稳定增长几乎是不可能的。

　　此后,美国经济学家索洛(Solow,1956)在仔细研究哈罗德经济增长理论之后,指出哈罗德-多马模型的问题在于它隐含了资本与劳动不可替代的假定,索洛放松了这一假定,从而创立了新古典经济增长理论,并在此基础上创立了索洛模型。该模型将技术进步因素纳入经济增长模型,将产出增长中由技术进步所引起的部分区分开来,这里所说的技术进步即是指产出增长中不被生产要素的增加所解释的部分,即索洛余值,并把技术进步对经济增长的贡献份额做了定量测算,形成了新古典增长理论,引起了人们对技术进步问题的极大关注。

　　(3)熊彼特(Schumpeter,1990)认为创新是经济增长的重要动力。熊彼特是 20 世纪最伟大的经济学家之一,他在 20 年代提出了"创新"的理论,给经济增长理论的发展注入了新的活力。他认为企业家可以通过创新的方法,如开发新产品、使用新工具、开辟新市场或改进生产方式等来提高生产效率,扩大市场占有额,提升效益,从而成为经济增长的主要推动力。熊彼特的创新理论与未来的经济增长理论是紧密相关的。

　　(4)罗默、卢卡斯对技术在经济增长中的作用进行了研究。在 20 世纪80 年代中期,以罗默、卢卡斯为代表的一批经济学家在新古典增长论的基础上致力于技术进步的内生化研究,试图说明经济长期稳定增长的内生机制,取得了理论上的重大突破。这种以研究内生技术进步为主要特征的增长理论被称为内生增长理论。

(5)制度经济学家认为制度变迁是经济增长的根本原因。这些经济学家认为分工的深化增加了用于协调分工中劳动者的成本,即"交易成本"。西方"新"经济史学派和"新"制度学派的代表人物诺思对经济增长提出了全新的观点。他认为经济增长的根本原因是制度的变迁,一种能提供适当的个人刺激的有效产权制度是促进经济增长的决定因素。因此,分工虽然使收益递增,但受到交易成本的限制,分工深化需要改进交易机制的效率,从而把制度因素与劳动分工结合起来。

综合以上所述,现代经济增长理论都表明,经济增长的影响因素是多方面的,不单纯是某个简单因素所能决定的,整个社会经济系统内的各个因素都对经济增长有不同程度的影响,经济增长最终是由社会经济系统的循环运动所决定的。

二、现代金融发展理论

金融发展是指金融总量的增长与金融结构的改善和优化,主要包括金融资产、金融机构以及金融市场的发展。在衡量金融发展的指标方面,戈德史密斯(Goldsmith,1969)认为金融发展主要是指金融结构的变化,他主张用金融相关比率(FIR)指标,即金融资产总量与 GNP(或者 GDP)的比值来反映金融增长的程度;麦金农和肖的理论则认为金融发展是金融市场的形式和金融行为的完全市场化,主张用 M2/GNP 指标来衡量金融发展水平。

(一)现代金融发展理论的形成

金融一直以来都是现代经济的中心,金融和经济之间关系的研究在很早的时候就引起了经济学家的关注。最初是格利和肖(Gurley,Shaw,1955)对金融在经济增长中的作用进行了研究。1955 年 9 月,他们在《美国经济评论》发表了《经济发展的金融方面》这一篇文章,文中首次从金融的方向探讨了金融在经济发展中的作用。1960 年,格利和肖(1995)联合出版发行了

《金融理论中的货币》,这本书细致地讲述了金融在经济发展中的作用。他们认为,金融制度的存在是为了更好地将储蓄者手中的资金转移到投资者手中,所以金融制度需要充分的发展和完善,金融制度的构成需要有不同种类的金融机构存在,金融工具也需多样化,还应有一个金融市场来进行金融活动,而货币只是金融资产的一个重要部分,包括银行也只是金融机构中的重要部分之一,不能完全替代金融机构。

在金融发展理论形成的过程中,戈德史密斯(1994)做出了具有历史意义的贡献。其代表作是1969年出版的《金融结构与金融发展》一书。在该书中,他提出了衡量金融发展程度的指标——金融相关比率(FIR)。金融相关比率是某一时点上一国金融工具的市场总值与实物形式的国民财富的市场总值之比。戈德史密斯认为,一国的FIR值与该国的经济发展水平呈同方向的变动,即经济越发达,FIR值越大。另外,他还提出了金融中介率的概念。金融中介比率在流量方面被认为是国内金融机构在一定时期内所获取的国内非金融部门和国外部门发行的金融工具净额占发行总额的比率。在存量方面,金融中介比率表现为用未清偿的金融工具总值除以某一特定时期国内金融机构所持有的国内非金融部门和国外部门发行的债务和股权证券的市场价值。他利用这两个概念对许多国家进行了实证分析,得出的结论是经济发展与金融发展是同步进行的,经济快速增长的时期一般都伴随着金融的快速发展。

综上所述,我们可以发现,经济增长和金融支持之间是一种不可分割的关系。在现代市场经济中,经济增长与金融发展的支撑是分不开的,而金融能够发展也是基于经济发展。可以说,金融会推进经济增长速度这一观点已经被普遍接受。金融发展与经济发展之间存在着一种一荣俱荣、一损俱损的平行关系,在经济飞速增长的同时,金融也有较快的发展,在经济发展缓慢甚至停滞时,金融也是同样的发展状态。它们之间的这种平行关系也得到了社会经济发展真实情况的验证。

(二)现代金融发展理论的发展

现代金融理论的发展是从麦金农和肖开始的。1973年,美国经济学家麦金农和肖一反以发达国家为研究对象的主流作法,而以发展中国家为样本,集中研究货币金融与经济发展的内在联系。他们认为,金融体制和经济发展之间存在着相互推动和相互制约的关系,但大多数发展中国家的金融体制和经济发展之间表现出来的是相互制约的关系。一方面,由于金融体制落后和缺乏效率,束缚了经济的发展。另一方面,经济的呆滞又限制了资金的积累,制约了金融的发展,从而形成相互"促退"的恶性循环。造成这种恶性循环的根本原因在于政府当局实行过分干预和管制的错误政策。这就是所谓的"金融抑制"。

金融抑制体现在:

(1)金融市场上的价格处于一种不健康的状态。由于政府的控制,存款利率和贷款利率都存在太过低于正常状态的情况,无法真实体现出资金的稀缺程度和供求状况,起不到应有的作用。

(2)对信用贷款进行管制,实施过低的存贷利率,造成了资金过量流出,致使信贷资源的供应常常满足不了需求,而货币当局常常直接对信贷进行管制,这必然会使很多人在政府的保护下大量转移财富,造成资金的使用效率大大降低。

(3)金融市场的分割,为了保证资金的投向符合政府的意图,发展中国家大多对金融机构的设立和经营范围加以严格限制,各类金融机构又受不同监管当局管理,彼此各行其是,效率低下。此外,货币市场与资本市场的不发达、高准备金率和通货膨胀的隐患,均构成了金融与经济之间的恶性循环,导致其效率不高。

针对上述情况,经济学家提出的金融深化方案包括:①放开利率;②鼓励银行竞争;③扩大对效率高的小经济单位的放款;④金融改革与财政改革同步进行;⑤金融改革与外贸改革同步进行。总之,这些政策的中心含义是要减少政府干预,消除"金融抑制",推进"金融深化",以达到经济增长的目的。

20 世纪 90 年代,赫尔曼等(1997)、金和莱文(King, Levine, 1993)等经

济学家,以新经济增长理论为基准,联系经济增长和金融之间的关系,进一步研究发展了金融发展理论。他们认为,金融约束更加适合发展中国家或者正在转型的经济体制,金融自由化会对这些国家产生一定的负面作用。因此,他们又提出了"金融约束"这一理论。

"金融约束"指的是,政府实施一系列的金融政策,给金融部门和生产部门提供租金机会。租金机会指的是市场竞争产生的收益中超出的部分,而不是经济学上讲的没有供给弹性的生产要素的收入。在现实经济发展中,信息不对称、代理行为和道德风险的存在,使得资金的合理有效配置很难实现,这就需要政府适当地对金融市场进行干预。金融约束给金融部门和生产部门创造了"租金机会",通过"租金效应"和"激励作用",可以规避潜在的逆向选择和道德风险,鼓励创新,维护金融稳定,从而对经济发展起到正向影响。由此可见,"金融约束"更强调政府干预的重要性,认为选择性的政府干预有助于金融的稳定发展。"金融约束"论被人们称为第二代金融发展理论。

金融约束与金融自由化在本质上并不存在冲突。金融自由化是希望政府不要对金融市场进行过分的干涉和保护,推进金融深化。金融对政府的干预并不排斥,而是希望政府有选择性地协助金融深化的进度,而不是对金融深化造成阻碍。金融约束的最佳状态是随着金融深化的程度加强,政府干预的范围和深入程度也会减少。因此,在金融约束和金融自由化的关系中,金融深化是最后要达到的目标,金融约束和金融自由化都是实现金融深化采取的方式。

三、二元经济理论

二元经济理论是经济学研究中通过经济结构分析方法来分析发展中国家的经济现象,并通过与发达国家的经济发展道路进行对比而形成的理论成果。

(1)从二元经济理论的发展历程来看,荷兰经济学家伯克最早开始运用

"二元结构"概念来分析人类的社会和经济现象。1953 年,他出版了《二元社会的经济学和经济政策》一书。在书中,他分析了印度尼西亚的经济,发现当时的印度尼西亚社会是一个典型的"二元结构"社会,一方面是资本主义社会之前的传统社会,另一方面是殖民主义输入现代"飞地经济",成为资本主义现代部门。社会文化和经济制度之间有巨大的差异存在,这种差异致使传统部门与现代部门中的个人效用函数、行为准则及资源配置方式是完全不一样的,并且传统部门和现代部门是同时存在的,这给生产结构的平稳性造成了较大的影响,所以在印度尼西亚实施的经济政策要有别于发达国家。

(2)从经济要素投入的角度来看,可以分为传统部门和现代部门。希金斯(Higgins,1979)认为在发展中国家的传统部门(主要是农业部门),主要的生产要素投入为土地和劳动,其生产可以在广泛的技术组合条件下进行,生产技术是劳动密集型的,生产要素之间的替代弹性是比较大的。在现代部门,要素组合的特点是大量资本和少量的土地、劳动,生产是在资本密集的技术条件下进行的,要素之间缺乏替代弹性。由于现代部门的技术特点,现代部门的生产扩张和技术进步将向资本更加密集的方向发展,而就业机会的增长变得相对困难。传统部门中大量剩余劳动力的存在,使该部门缺少采用节约劳动技术的内在激励,农业人口难以迅速下降,农业生产率不能迅速提高。

(3)从经济地理学的角度来看,缪尔达尔使用"扩散效应""回波效应"以及"循环累积因果关系"等概念,来说明在一个国家的经济发展中,地理在二元经济结构的形成中起到的作用以及二元经济结构是怎样形成的,并且提出了避免二元经济结构中困难的办法。

他认为,发展中国家有些地区在外部因素的影响和推动下,先行一步发展起来,就会打破地区发展的固有平衡。这种地区发展不平衡将在"循环累积因果关系"的作用下不断加强,使得较先进的地区进一步发展,而较落后的地区更加落后。因此,从经济政策的角度来看,不能够放任自由主义的发

展,应该通过政府干预促进落后地区的经济发展,以促使各地区经济均衡
发展。

(4)二元经济古典模型。1954 年,刘易斯(Lewis,1954)提出了一个有关
发展中国家二元经济结构的理论模型,在发展经济学的研究中起到了相当
重要的作用,成为二元经济结构理论研究中的重要一环。此二元经济结构
理论要成立,必须有三个假设性的条件存在:首先是将较为不发达的经济体
划分为两个部门,一个是城市中以制造业为主的现代化部门,另一个是农村
中以农业和手工业为主的传统部门;然后是不限量的供应劳动力量;最后是
维持工资的水准,让其不产生变化。刘易斯认为,发展中国家存在着两种类
型的经济部门:一个是现代部门,另一个是传统部门。这两个部门的区别在
于以下几个方面。①资本运用不同。资本主义部门的资本是经济中使用再
生产性资本,并由于这种使用而向资本家支付报酬的那一部分。维持生计
部门的资本不同之处就在于它是这种经济中不使用再生产性资本的那一部
分。这个部门的产品不是用资本生产出来的。②生产方式不同。现代化部
门都是采用各种机械的生产方式,而传统部门基本上是采用手工劳动。
③生产规模不同。现代化部门的生产规模普遍比较大,而传统部门则相反,
生产规模比较小。④生产效率不同。由于生产规模不同,现代化部门生产
遵循规模报酬递增原则,而传统部门的生产则受土地规模报酬递减法则的
约束;又由于现代化部门每个劳动者使用了更多的资本,现代化部门的生产
效率一定会较其他部门高。⑤收入水平不同。现代化部门由于生产效率水
平较高,因而收入水平较高,其产出的一部分可用于积累和扩大再生产;传
统部门生产效率水平低,收入水平低,其产出仅够维持生存。

(5)新古典二元经济模型。美国经济学家乔根森(Jorgenson,1967)以二
元经济为基础,建立了一个新古典二元经济模型,归纳了二元经济的基本特
征,也就是人均粮食供应额的多少决定了人口增长速度的快慢,在人均粮食
的供应增长率超过人口的增长率时,就会出现农业剩余,农村劳动力就会变
多,并开始转向工业部门,引起工业部门的增长。农业剩余越多,农村劳动

力的转移规模就越大。乔根森的新古典二元经济模型认为,农业剩余产品是劳动力转移的物质基础,农业剩余产品愈多,劳动力转移到工业部门的规模也愈大。乔根森所说的农业剩余,是以最大人口增长率为前提的,即超过人口增长的剩余产品。另外,人口增长是由经济增长决定的,而不是刘易斯所说的外生变量。乔根森还认为,农业劳动力之所以持续地转移到工业部门,不是由于剩余劳动力的存在,而是由消费结构变化引起的,因为人们对粮食的需求是有限的,而对工业品的需求是无限的。

四、农村金融理论

(一)农业信贷补贴论

在 20 世纪 80 年代之前,农村金融理论中,获得认可的范围最广的是农业信贷补贴论。该理论是为农业发展提供信用贷款的农村金融战略。而实行这种战略是要在农民,尤其是贫困农民不具备存储的能力,农村地区缺乏足够的资金供应的时候。由于农民的收入不稳定、投入的资金期限长、获得的收益低等原因,农业很难从以营利为目标的商业银行中获得贷款。因此,该理论得出结论:为增加农业生产和缓解农村贫困,有必要从农村外部注入政策性资金并建立非营利性的专门金融机构来进行资金分配。根据该理论,为缩小农业与其他产业之间的结构性收入差距,农业的融资利率必须较其他产业低。考虑到商人发放的高利贷及一般以高利为特征的非正规金融使得农民更加穷困,阻碍了农业生产的发展,为促使其消亡,国家可以通过银行的农村支行和农业信用合作组织,将大量低息的政策性资金注入农村。然而实践表明,农业信贷补贴论注定是无法取得成功的,主要表现在以下几个方面。

(1)专门的农业信贷机构和正规金融机构的资金来源受到了限制。因为政府对利率进行干涉,实行的是很低的贷款利率,贷款者很容易获得长期的利息低的贷款资金,而存款利率较低,从农村地区吸收存款,无法产生太大的吸引力,最终导致专业的农业贷款机构并不能保证净存款者与净借款者之间的资金流动,无法成为真正有活力的金融中介机构。

(2)低息贷款的主要受益人不是农村穷人。低息贷款的补贴被集中并转移到使用大笔贷款的较富有的农民身上,从本质上说,廉价贷款存在对非目标受益人获得贷款的激励,从而从根本上破坏了信贷计划目标的实现。这是因为当利率并不反映资本的真实成本时,便宜的资金会导致信用需求夸大,因而补贴贷款必须定量配给。当低的利率上限使得农村贷款机构无法补偿由于贷款给小农民而造成的高交易成本时,那么官方信贷的分配就会偏向于照顾大农民。

(3)政府支持的不具有多少经营责任的农村信贷机构缺少有效地监督其借款者投资和偿债行为的动力。这些信贷机构的业绩衡量标准通常是其贷款的快速审批和贷款额的增长,而不是其财务方面的业绩,这样就造成了借款者故意拖欠贷款。农村金融机构管理中的低效率和低能力使拖欠率进一步恶化。例如,缺少经常性的会计核算和贷款记录不完备使得很难确定支付何时到期,而且很难强制实行贷款协议。因此,在大多数带补贴的农村信贷体系中,拖欠率都很高,而这并不能只归咎于农业生产的高风险。

(4)农村的信贷机构没有可持续发展下去的能力。对于改变某些农村地区的贫困状态来说,更有效的一种方式是建立一个能够可持续发展的金融机制。农业信贷补贴政策对金融市场的健康发展造成了一定的阻碍,信贷机构运作的动力受到影响,可持续发展的能力也同样有了损伤,最终导致农业信贷补贴政策的实施付出了高昂的代价,但获得的成效却是微乎其微。

(二)农村金融市场论

20 世纪 80 年代以来,农村金融市场论或农村金融系统论逐渐替代了农业信贷补贴论。农村金融市场论是在对农业信贷补贴论的批判的基础上产生的,强调市场机制的作用,其主要理论前提与农业信贷补贴论完全相反。

(1)农村居民以及贫困阶层是有储蓄能力的。发展中国家农村地区的研究表明,只要提供存款的机会,即使贫困地区的小农民也可以储蓄相当大数量的存款,故没有必要由外部向农村注入资金。

(2)过低的存款利率,降低了人们在金融机构存储资金的热情,对金融发展起到了阻碍作用。

(3)运用资金的外部依存度过高是导致贷款回收率降低的重要因素。

(4)由于农村资金拥有较多的机会成本,非正规金融的高利率是理所当然的。

农村金融市场论要求单纯地依靠市场机制进行金融活动,对政策性金融对金融市场的干预是持反对意见的,特别强调政府不干涉利率的高低,全凭市场的直接运作来决定。该理论认为农村贷款利率实行自由化的模式,可以变相地降低农村金融机构在运作上的成本。这样就可以要求它们像金融实体那样运行,承担适当的利润限额。实行市场利率可以鼓励金融中介机构有效地动员农村储蓄,使它们不依赖于外部的资金来源,同时让它们有责任去管理自己的资金;实行市场利率可以减少发放人情贷款和随意做出决断,并有助于改进补贴信贷计划不能落实的缺点。事实上,贷款的利率高低对农民的贷款意愿并没有起到决定性的影响作用,而服务的及时与否、申请手续及支付方式的繁杂程度对其贷款意愿的影响更大。

值得怀疑的是,仅仅取消信贷补贴能否解决那些影响发展中国家农村信贷体系的低效能问题。另外,通过利率自由化能否使农民更容易从正规金融机构获得贷款,仍然是一个问题。自由化的利率可能会减少对信贷的总需求,从而可以在一定程度上改善农民获得资金的状况。但是借贷的诸多费用和持有的担保品价值不足,可能会让他们无法借到期望的资金数额,所以,为了保障他们的利益,仍然需要政府的支持。在某些特定的时候,如果有适当的体制结构来管理信贷计划,那么发展中国家农村金融市场的介入仍然是有道理的。

(三)不完全竞争市场理论

20世纪90年代后,人们认识到为培育有效率的金融市场,仍需要一些社会性的、非市场的要素去支持。斯蒂格利茨的不完全竞争市场论就是其中之一,其基本框架是:发展中国家的金融市场不是一个完全竞争的市场,尤其是放款一方(金融机构)根本无法充分掌握借款人的情况(不完全信息),如果完全依靠市场机制,就可能无法培育出一个社会所需要的金融市场。为了弥补市场失灵的部分,必须采取一系列非市场的因素,如政府对金融市场的适当介入和借款人之间成立经济组织。斯蒂格里茨等人对于竞争不充分、借款人和贷款人之间信息不对称的问题的研究结论都是首创的,他们用于信息经济学分析的工具已经成为金融市场分析的一个重要工具。

不完全竞争市场理论认为,简单地提高利率水平会引发逆向选择和道德风险,从而加剧农村金融机构的资产质量恶化。不完全竞争市场理论也为政府介入农村金融市场提供了理论基础,但显然它不同于农业信贷补贴论。不完全竞争市场理论认为,尽管农村金融市场存在的市场缺陷要求政府和提供贷款的机构介入其中,但必须认识到,任何形式的介入,如果要能够有效地克服市场缺陷所带来的问题,都必须具有完善的体制结构。所以,发展中国家要参与农村金融市场,最开始要注重的是要对农村金融机构进行改革和强化,消除对农村金融市场顺利有效的运行产生负面作用的障碍。具体有这些措施:取消政府对贷款实行优惠政策的垄断,逐渐取消贷款补贴,将优惠贷款的政策集中偏向农民,实行利率自由化,使它们能够抵消部分金融成本。虽然外部资金是机构进行改革和启动的必要条件,但是一开始从政府和提供贷款的单位所获得的资金,都是用于满足机构建设需要的,具体用于管理、监督和培训贷款人,建立健全会计、审计和管理信息系统。

不完全竞争市场理论强调,借款人的组织化等非市场要素组织形式对解决农村金融问题是相当重要的。印度经济学家加塔克等的研究表明,小组贷款能够提高信贷市场的效率,其分析模型解释了在小组贷款下,同样类型的借款者聚集到一起,有效地解决了逆向选择问题。印度经济学家斯蒂格利茨的研究表明,尽管在正规金融的信贷中,银行由于无法完全控制贷款者行为而面临着道德风险问题,但是,在小组贷款下,同一个小组中的同伴监督却可以约束个人从事风险性大的项目,从而有助于解决道德风险问题。到目前为止,信贷小组的经验,有正面的,也有反面的。但它们不那么成功的原因在于其实际操作中的缺点以及外部环境普遍存在的缺陷(例如低利率),而并不是这种做法本身有什么不合适的地方。

不完全竞争市场理论是新型小额信贷模式的理论基础。新型小额信贷模式旨在解决农村金融市场中交易成本高且信息不对称的问题,而过去的小额信贷模式更偏向于发放低息资金来帮助贫困农民。过去的小额信贷模式是信贷补贴论的另一种形式,因为它忽视了金融机构的可持续性而很难长期存在。

第四节　我国农村金融的发展进程

一、中国农村正规金融发展进程

中国农村金融发展与变迁同我国经济体制的不断深化发展息息相关,主要经历以下发展阶段。

(一)改革开放之前中国农村正规金融的变迁(1949—1978 年)

新中国成立后,百废待兴,选择何种经济体制实现经济发展、国富民强是关系新政权存亡的重大现实问题。与西方资本主义经济制度相对立的苏联社会主义经济制度,采取高度集中统一的计划经济体制,在初期给苏联带来经济、社会的快速发展。仿照苏联经济模式,在过渡时期与第一个五年计划时期,我国实行计划经济体制,并确立了"一化三改"的经济政策。

经济体制的高度集中和计划性质不可避免地带来金融体制的高度集中。新中国成立之初,中国人民银行是全国仅有的银行,也是仅有的金融机构,中国人民银行在全国乡镇及以上地区都设有农业分支部门,统一经营农村地区的金融机构,对其业务进行管理。农业相关的金融业务是根据国家制定的信贷制度进行的。

社会主义制度解放了生产力,使广大农民分到了土地,极大地提高了农民的生产热情,扩大了农民生产的规模,从而促进了农民对农村金融的需求。1951年,中国人民银行提出要加强农村金融工作,积极发展信用合作业务,在乡镇一级以上设立银行机构,在乡镇上建立银行网点,同时帮助农村发展信用互助合作组织,建立信用互助合作社。与此同时,中国人民银行发布了《农村信用合作社章程准则(草案)》,规定信用合作社不以获取利润为目的,可以对采取不同类型的经营方式的合作社的社员优先发放贷款,并在全国范围内推广农村信用合作社的试点工作。

1951年8月,农业合作银行应上一年的筹建提案、经中央人民政府政务院批准予以成立。但此时的农业合作银行的具体业务基本由中国人民银行执行,国家于1952年将其撤销。

1955年3月,我国第二次建立农业银行,重组后的农业银行设立了省、地、县等各级分支机构,在全面办理农村存贷款等方面发挥了重要作用。与此同时,农村信用合作社得到了较好发展,到1954年底,全国农业生产合作社48万个,农村信用合作社发展到12.6万个,全国70%左右的乡共建立农村信用合作社10.3万个。1956年,国家要求办好农村信用合作社,这时,农村信用合作社成为农村主要金融工具。我国初步形成以国家银行为领导、以农村信用合作社为基础的农村金融体系,对促进农业生产、金融支农等起到了重要作用。

1958年,我国进入"大跃进"时期,农村地区实行人民公社制度,受其影响,金融方面形成高度集中统一、以行政管理为主的体制。农业银行在1957年撤销,到1962年10月第三次复建,农村信用合作社由农业银行领导。而后由于实行人民公社制度,农村信用合作社的管理职能又于1966年由生产大队予以行使。这一时期的农村金融与人民公社是密切相关的,由于抽调挪用资金的情况出现得比较频繁,农村信用合作社的经营变得混乱,金融业务陷入停滞的状态。此时,农村信用合作社逐渐从农民自营变为由政府控制经营,成为农村财政贸易管理体制的一部分,管理的模式渐渐具有计划经济的性质,使得农村地区的金融发展相对较慢。在重工业化的背景下,这一时期的农业银行和农村信用合作社经历了一系列的体制转变,事实上,它们已经成为国家财政金融体系的一个部分,是为我国重工业的发展提供服务的,还没有形成一个独立的金融机制。

(二)经济体制转型时期中国农村正规金融的发展(1979—1993 年)

1978 年 12 月,党的十一届三中全会召开,拉开了中国改革开放的序幕。农村地区实行家庭联产承包责任制度,极大地调动农村积极性,同时乡村经济的市场化和工业化改革促进了农村地区乡镇企业迅速发展。经济发展带来多种融资需求,改革农村金融制度、发展农村金融组织成为客观必然。

会议之后通过了《中共中央关于加快农业发展若干问题的决定》,要求第四次建立于 1965 年撤销的中国农业银行,决定大力发展农村信贷事业。1979 年 2 月,农业银行正式恢复,直属国务院,在省、自治区、直辖市设立分行,地区设立中心支行,县设立支行,将由中国人民银行管理的涉农金融移至农业银行,并由其统筹管理农村信用合作社,形成以农业银行为主体的、相对独立的金融体系。

1984 年,我国农村经济体制改革进一步深化,乡镇企业迅猛发展,国家提出以提高资金效益为目标,将"农业银行企业化",把农业银行改革为真正的经济实体,同时由其统一管理农村信用合作社。1987 年 1 月,农业银行提出将农村信用合作社办为由农民和合作经济组织自愿入股的信用合作机构,使其成为集体所有制的合作金融组织,主要为社员服务,自主经营、自负盈亏、自担风险。在这个阶段,农业银行加快向企业制转化,加快发展为以经营货币和追求利润最大化为目标的模式。农村信用合作社也初步改革了其管理体制,业务有了一定程度的进展,促进了农业生产的发展和农村经济的增长。但是改革始终是针对农村信用合作社这一银行基层机构,没有改变其集体性质的产权归属或者准国有化管理体制,农村金融市场在商业化的过程中并没有面临太多的竞争。

(三)社会主义市场经济体制下中国农村正规金融的发展(1994—2000 年)

1993 年,我国确立中国特色社会主义经济体制改革方向。同年 12 月,国务院通过相关决议,认为我国应当在农村有计划有步骤地建立体现政策性、商业性和合作性相结合的农村金融体系。1994年初,国务院批准组建农业发展银行,专门从事农业政策性金融业务。同年6月,国务院将有关政策性农业金融业务划拨至农业发展银行,农业发展银行以国家信用为基础,筹集农业信贷资金,代理财政性支农资金的拨付。1996年,我国确立合作性、商业性及政策性分工协作的农村金融体系。

1997年,根据《关于农村金融体制改革的决定》,农业银行基本完成了与农村信用合作社的脱钩,农村信用合作社恢复独立法人地位。1997年9月,中国人民银行颁布《农村信用合作社管理规定》,规定了农村信用合作社的合作机制、股权设置、组织机构、运作范围等事项。而后四年间,中国人民银行不仅批准试点农村信用合作社联社,而且试点实施浮动利率等利率市场化改革。农村信用合作社在此期间迅速发展,对我国农村经济发展起到重要的金融支持作用,支农力度不断加大。截至2004年第1季度末,全国农民贷款约有85.6%来自农村信用合作社,近七成的乡镇企业贷款来源于农村信用合作社。中国农业银行完成与农村信用合作社脱钩,迅速向真正国有商业银行转变,其政策性业务也被分离至农业发展银行。但此时,商业性金融却迅速脱离农村金融体系,农村商业性金融受利润最大化驱使,开始向城市转移。

(四)新形势下中国农村正规金融的发展(2000年至今)

进入21世纪,我国加入了世界贸易组织,其在农业方面的协议对各个国家提出了减少非关税的财政补贴政策的要求,促进了资本流向传统的农副产品生产,农村金融的地位变得更加重要,因此,我国在农村地区实施了大量的改革措施,如邮政储蓄、小额信贷试点、村镇银行等,推动农村经济的进一步发展。

至2006年,全国邮政营业网点达4.5万个,其中分布在农村的网点达到3.2万多个,占比约71%。同年末,中国邮政储蓄银行正式成立。邮政储蓄银行在广大农村地区拥有众多营业网点,有效地弥补了因商业银行战略转移而形成的网点空缺,服务于"三农",支持社会主义新农村建设。2006年

12月,中国银行业监督管理委员会(以下简称银监会)为鼓励、支持各银行类金融机构设立适合新农村建设的村镇级银行,放宽了我国农村银行业准入标准,极大促进了村镇银行的发展。

随后,2007年银监会又专门出台了《村镇银行管理暂行规定》《农村资金互助社管理暂行规定》《贷款公司管理暂行规定》等规定,保证新型农村金融机构能够正常合理地运行。2009年,多数村镇银行已经开始营利,总利润合计4074万元。村镇银行有力地解决了农村地区金融网点覆盖率低、供给不足等问题。

根据监管部门披露的数据显示,至2010年初,我国共建立村镇银行148家,其中2009年新开村镇银行59家,所有村镇银行存款余额合计269亿元,同比增加170余亿元;贷款余额合计181亿元,同比增加140余亿元,其中农民贷款5.1万户,贷款余额65.5亿元,小企业贷款0.5万户,贷款余额91.2亿元,分别占其贷款余额的36.2%和50.4%。中国人民银行发布的《中国农村金融服务报告(2016)》显示,截至2016年,全国建立新型农村金融机构1483家,其中村镇银行1356家,2010—2016年村镇银行数年均增长率为37%。

二、中国农村非正规金融发展进程

中国古代时期就出现了如"合会"等农村非正规金融组织,经过几千年的发展,农村非正规金融仅限于小农经济时代的互助会、民间借贷等原始性民间金融形式。因此,我们研究农村民间金融发展历程,主要以新中国成立为逻辑起点。

(一)农村非正规金融空白时期(1949—1977年)

新中国成立后,我国实施了重工业"一化三改"先一步发展的战略,实现了农业的社会主义转型。在重工业化和计划经济的体制中,金融资源实行统一部署,大部分的资金都偏向用于重工业的发展,形成农业支持工业的局面。同时,在新中国成立之初,我国的农业生产还在复苏阶段,生产力恢复需要大量的时间,农村地区对金融的需求不高。由于生产管理模式高度集中,农村金融机构主要吸纳农村资金,并将其转移到城市地区。此外,"大跃进"时期实行的是人民公社制度,所有生产资料归国家所有,农民对金融的需求基本上都是由生活需求所引起的,生产性的金融需求几乎不存在。所以,在改革开放之前,我国的民间借贷、典当和合会等金融现象在农村地区是寥寥无几的。

(二)农村非正规金融形成、发展时期(1978—1992 年)

改革开放以来,农村生产关系的改变,使农民成为农业生产的经营者、农业剩余劳动成果的拥有者,激发了农民参与劳动生产的极大热情。由于农业再生产的扩张、基本农业生产的购买,农民对金融的需求越来越强烈。市场经济的改革,使农村地区产生了大量的个体、私营等经济主体,农村地区的金融需求也同样出现了大量增加。与此同时,乡镇企业的突然出现也给农村地区的金融需求带来了大幅度的增长。由于农村地区相当缺少金融资源,越来越多的金融需求无法从农村正规金融机构获得满足,信合会、民间借贷、企业内部集资和其他形式的民间融资给非正规金融机构的发展带来了机会。

1984 年《关于 1984 年农村工作的通知》中指出:"允许农民和集体的资金自由或有组织地流动,不受地域限制",允许农村民间借贷的存在与发展。在此宏观背景下,农村地区,特别是沿海地区的农村非正规金融发展较快。1985 年 6 月,江苏大丰县万盈乡在全国率先成立了农村合作基金会。短短不到七年的时间内,基金会在全国乡镇、村迅速成立,共约 1.3 万个,其中全国有 36.7%的乡建立基金会,共计约 1.74 万个,有 15.4%的村建立基金会,共计约 11.25 万个,1992 年末共筹集社会资金 164.9 亿元。到了 1996 年,其存款规模达到农村信用合作社的 11%。同时国家允许多种民间信用方式存在,包括存款、贷款、股票、基金、信托等多种融资方式,这一时期农村非正规金融十分活跃。

(三)农村非正规金融整顿时期(1993—2003 年)

1996 年,尽管国务院充分肯定了农村合作基金会在满足农村金融需求方面所发挥的作用,但也提起了合作基金会吸收居民存款、非法经营、隐性风险巨大的现实情况,提出了要整顿合作基金会。1998 年 8 月,国家颁布对全国各种形式的基金会、互助会、储金会,包括资金与股金服务部、各类投资公司进行整顿的法令。在亚洲金融危机爆发后,为防范金融风险,国家全面废除了农村合作基金会,要求符合一定基本条件的基金会并入农村信用合作社,对资不抵债的基金会,实行清盘、关闭。在此期间,农村地区的非正规金融机构大幅减少,各种形式的"会"及各类投资公司慢慢转为了在暗处经营。

（四）农村非正规金融复苏时期(2004 年至今)

2004 年,中央 1 号文件鼓励使用社会资本及外国资本创立以农民为服务对象的金融机构。2006 年 12 月,银监会选定四川、青海等地区进行试点,鼓励社会资本及外国资本在农村地区建立村镇银行、社区银行及专营贷款的信贷机构。2008 年 5 月,银监会和中国人民银行发布了《关于小额贷款公司试点的指导意见》,开始规范和管理小额信贷公司,在地方政府的指导下,小额贷款公司的试点业务迅速发展起来。截至 2015 年末,各地已设立小额贷款公司 8910 家,贷款余额达到 9411.51 亿元。但由于技术漏洞和监管覆盖等问题,多家小额贷款公司关闭。截至 2018 年末,全国的小额贷款公司约有 8133 家,较上年减少 418 家,同比降幅为 5%;行业人员流失 13149 人,同比降幅为 13%。自 2015 年起,小额贷款公司数量便进入了下降期,贷款余额除 2017 年有稍许增长之外,其余三年也都呈现下降趋势。

第二章

农村金融对农村经济发展的作用机理分析

第一节 农村金融对农村经济发展的作用分析

农村金融在国家的宏观经济体系中是一个很重要的组成部分。根据经济发展与金融发展之间的关系,可以看出,一个国家的农村经济发展的水平在该国的农村金融发展程度上起着决定性的作用,而一个国家农村金融的发展情况又会对该国的农村经济发展水平与发展质量产生较大的影响。戈德史密斯(Goldsmith,1969)认为,金融对一个国家的储蓄和投资水平有提高的作用,并且可以通过对资金进行有效配置来促进经济的发展。金融的发展也会对市场资金的供需双方参与金融活动的意愿产生积极的作用,能够促使社会资金的快速积累。市场的竞争力量有促进社会资金从低效率部门或项目向高效率部门或项目转移的功能,因此,如果社会资金的总数额不发生改变,资金的使用效率将会以金融发展水平为中心,而不断发生相应的变化。

以下从三个方面来分析农村金融对农村经济的促进作用。

一、农村金融的融资功能

农村金融通过提高农村储蓄率、增加农业发展的资本积累、提高储蓄向投资转化的效率等途径为农村经济发展提供资本支持(汪艳涛,高强,2013)。

一般来说,农民的收入大致有两方面的用途:一种是用来消费或继续投资,另一种是用来存储。在农村金融市场发展程度不高的情况下,农村地区缺少足够的金融中介,并且金融中介服务的质量也不高,使得可供农民选择的储蓄方式很少。大部分农民是进行现金储蓄,这类储蓄方式基本上很难增值,并且在存在时间成本的前提下,资金处于贬值状态,因此不仅会降低农民财富积累的速度,还会使得财富贬值。随着农村金融发展的改善,更多的农民选择了在金融机构进行储蓄活动,不仅能获得财富的增加,还可以享受到金融机构的各项服务。在边际储蓄倾向递增和边际消费倾向递减规律作用下,金融机构获得储蓄资金的比例在不断增加,为金融机构的资金规模扩大、投资方式优化,奠定了良好的基础。换句话说,农村金融发展的水平越高,就越容易实现融资功能。

在一个特定经济区域,如果储蓄量一定,向市场提供信贷资金的数量与质量将取决于储蓄向投资转化的效率,也就是金融体系的发展水平。金融机构的业务性质使其成为资金供求双方的中介。通过金融机构这一中介,资金供求双方贷存意愿得以实现,农村资金供给与资金需求也就是资金使用成本达成均衡。

二、农村金融提高资金使用效率

经济增长机会存在不同地区、不同产业和不同市场主体的差别。在一定时期内,金融机构和金融中介的存在能使需要资金的农村企业、合作社或农户迅速得到资金支持,而暂时没有较好投资机会的生产经营主体则可能成为资金的提供者,将暂时闲置的资金存入金融机构和金融中介,从而使全社会资金使用效率更加有效。利率在这一过程中发挥着重要作用,资产所有者会把闲散资金和投资收益率低于市场利率水平的投资资金存入金融机构,从而持有收益较高的金融资产;相反,收益率高于市场利率的资金需求者的资金需求将会得到满足。金融机构和金融中介使整个农村社会资金配置效率大大提高。

三、农村金融推动农业科技进步

农村金融不仅能有效降低农户采用先进技术工具的成本,而且能对农业科技进步所需要的资金提供必要的保障,对农业科技的资本机制形成有着重要的作用,同时农村金融发展将会为科技进步提供支持。此外,农村金融发展的结构、规模和效率与农业科技进步贡献率呈正相关关系,农村金融发展水平的提升有利于提高农业科技进步贡献率(肖干,徐鲲,2012)。国际经验表明,金融发展在支持农业技术创新和成果转化过程中具有极其重要的推动作用,具体来说,可以通过市场化的手段指导农户的行为。到丰收季节,金融企业可以把农户和下游企业结合起来,同时还可以把产业链贸易公司、农资公司、铁路、港口等紧密结合在一起。简而言之,借助金融的力量,农业科技产业链的各个环节有望彼此连通。当前,我国农业发展和农业技术创新离不开金融的支持,迫切需要通过金融支持来增强对农业科技进步的支持强度,农业弱质性与农业技术创新"更大投入、更长周期、更高风险"的特征使其对金融支持的需求更为强烈,需要"规模大、占用时间长"的资金支持以及更加健全完善的风险分担机制。

第二节　金融深化理论的农村金融支持农村
经济发展的作用机理

一、金融深化与金融约束的具体表现

(一)金融深化

麦金农和肖认为,政府应该放松对金融体系的管制,特别是放松对利率的管制,让金融市场上的实际利率恢复正常水平,提高到其应该有的水平,使其反映金融市场上资金供求状况的功能能够有效发挥,最终将有限的资金投入到效益比较高的项目之中,提高资金配置的效率。

以麦金农和国内学者对金融深化的研究为基础,这里的金融深化是指金融的功能得到改进、金融的效率得到提升和经济得到增长。主要表现为金融规模不断扩大、金融工具得到创新、金融结构得到优化、金融市场的机制进一步完善。

在界定金融深化含义的基础上,有必要进一步明晰金融深化的具体表现。金融深化的表现包括了金融机构数量适当增加、金融资产规模扩大、金融交易方式不断完善等。其中,金融机构数量增加是金融深化最直接的表现,而数量增加既包括特定金融机构数量增加,也包括金融机构种类丰富。金融资产规模扩大意味着更多市场主体选择金融体系来存放自己的资产或通过金融体系来获取所需的资金。在风险可控的条件下,新的金融交易方式的不断涌现会大大提高金融系统为实体经济服务的效率。

(二)金融约束

根据麦金农和肖的观点,金融约束是指一个国家的货币管理当局严格管理金融机构进入金融市场的程序、市场管理的流程及其退出金融市场的程序,甚至在行政上对各类金融机构的设置和其资金运营的方式、方向、结构、空间布局进行控制。需要注意的是,政府在管控的过程中行为不当的话,会扰乱金融市场中的资产价格的稳定。若政府强制性地将金融资源分配到其想要支持的方向,会导致很多经济主体合理的资金需求得不到满足。我国在很长的一段时期内都偏向于发展国有企业,使得大量的金融资源向其转移,而非公有制经济的发展规模和对资金的需求并没有得到足够的金融支持,在某种程度上,降低了整个社会的金融资源配置效率。

他们认为,金融约束扭曲了利率和汇率等金融价格,并采用一些行政手段使得金融规模下降,进而使整个经济的发展受到较大影响。在这种环境下,金融体系中的存款和贷款的利率都设置了上限,从而向市场提供了不正确的价格信号,有关各方根据这一信号可能做出错误的经济决策,最终导致全社会的生产和投资效率不高,可贷资金的配置不能按市场价格进行。

以麦金农和肖的金融约束方面的观点为基础,本研究认为,金融约束是一种金融不够发达的状态,这是因为政府实行了不太适当的金融管制,并且金融的发展环境也不太好,出现了低于市场正常水平的利率和不合适的汇率。金融约束很难使每一个参与金融市场的经济主体享受到真正的金融服务,市场主体的创造性活动也会受到影响,从而对经济的健康稳定发展产生负面的作用。

金融约束的主要表现是对资金的价格利率进行管制,一方面使储蓄减少,另一方面鼓励对贷款的超额需求,进而造成了对正常的经济行为和经济增长的干扰和损害。具体来说,金融约束的表现过程如下。①金融约束会导致人们以其他方式持有本来用于储蓄的资金,从而造成社会储蓄不足、可贷资金规模受到影响;②闲置资金持有者可能选择从事收益较低的项目,从而使社会平均投资收益降低;③因得不到正规金融支持,一批资金需求者会求助于非正规金融,从而使非正规金融不断滋长;④政府的信贷配给行为进一步弱化了市场在资源配置中的基础性作用。

二、基于金融深化理论的农村金融支持农村经济的作用机理

20 世纪 70 年开始,金融深化的理论不断发展,经济学家们不断研究金融深化理论,探索其促进经济增长的作用机理。最普遍的观点是,政府放松对利率的管制,会推进利率向市场化转变,提升大众的储蓄能力,增加市场上可供贷款的资金,从而促进经济的增长。在前人研究的基础上,我们认为进行以利率市场化和金融市场开放为标志的金融深化,主要可以产生储蓄效应、投资效应和资源配置效应,对经济的增长有很大的促进作用。

我们主要结合麦金农和肖的理论以及哈罗德-多马模型,阐释农村金融深化作用于农村经济增长的机理。

哈罗德-多马模型的基本假定如下:

(1)社会上存在两种类型的经济活动,即投资(用 I 表示)和消费(用 C 表示)。假定相对价格(价格用 P 表示)比率 P_I/P_C 保持不变。

(2)边际储蓄倾向 MPS 给定,且

$$\text{MPS} = \frac{S}{Y} = \frac{\Delta S}{\Delta Y} \qquad (2-1)$$

式中:S 表示储蓄;Y 表示产出;ΔS 表示净储蓄;ΔY 表示净产出。对于给定投资率时,储蓄等于投资。

(3)如不考虑技术进步和折旧,总投资与净投资相等。给定资本产出比率(或投资系数,用 v 表示),其中资本用 K 表示,ΔK 表示净资本,且

$$v = \frac{\Delta K}{\Delta Y}, \text{其中 } \Delta K = I \qquad (2-2)$$

(4)给定资本劳动比率。

(5)设定劳动力(用 L 表示)按一种外生决定的比率增长,则:

$$n = \frac{\Delta L}{L} \qquad (2-3)$$

(6)假设企业家完全理性,进行了充分的市场分析,其投资是为了在一定的产出水平上达到预期的资本产出比率,从而形成既定增长率。根据上述假设,推出实际增长率如下。

$$g = \frac{\Delta Y}{Y} = \frac{S}{Y} / \left(\frac{\Delta K}{\Delta Y} \right) \qquad (2-4)$$

即
$$g = \frac{s}{v} = \sigma s \qquad (2-5)$$

式中:g 表示经济增长率;s 表示社会储蓄倾向(储蓄率);v 为资本产出比率,表示在一定产量下的投资需求;σ 是 v 的倒数,为资本生产率,或者称为投资效率。式(2-5)说明,实际经济增长率是由储蓄率和资本产出比率(或投资效率)共同决定。当然上述并行的假设并不符合经济发展的实际,其分析结论也只是适合于分析瞬间的经济增长情况。

而且从长期看来,s 和 σ 并非固定不变,以 $s(t)$ 和 $\sigma(t)$ 分别表示变化的储蓄率和投资效率,则有:

$$S = s(t)Y, K = \frac{1}{\sigma(t)}Y \qquad (2-6)$$

$$I = \frac{dK}{dt} = \frac{-\dfrac{d\sigma(t)}{dt}}{\sigma(t)^2}Y + \frac{1}{\sigma(t)}\frac{dy}{dt} \tag{2-7}$$

在 $I = S$(即假设高社会储蓄全部转化为投资)的均衡条件下,可以推出经济增长的长期决定因素:

$$\frac{\Delta Y}{Y} = s(t)\sigma(t) + \frac{\Delta\sigma(t)}{\sigma(t)} \tag{2-8}$$

根据麦金农和肖的理论,储蓄倾向是受农村经济增长和农村金融深化程度影响的一个变量,并非是一个常数。用 P 表示农村金融深化的指标,则:

$$s = S(g, P) \tag{2-9}$$

将式(2-9)带入式(2-8)得到:

$$\frac{\Delta Y}{Y} = s(g, P)\sigma(t) + \frac{\Delta\sigma(t)}{\sigma(t)} \tag{2-10}$$

投资效率 σ 也受到金融深化的影响,即:

$$\sigma = \sigma(P) \tag{2-11}$$

将式(2-11)带入式(2-8),可以得到:

$$g = \frac{\Delta Y}{Y} = s(g, P)\sigma(P) + \frac{\Delta\sigma(P)}{\sigma(P)} \tag{2-12}$$

由式(2-10)、式(2-12)可知,随着农村金融深化的推进、实际利率水平的上升,农村储蓄倾向得到增强,农村的投资效率也会不断提高,农村居民收入增长率也将随之提高。

在上述分析的基础上,以金融深化理论为依据,将农村金融支持农村经济增长的作用机理用以下逻辑模型展示,如图2-1所示。

图2-1反映了在运用金融深化理论分析后,农村金融发展对农村经济增长支持的作用机理,最开始体现在农村金融中介和农村金融市场的不断发展,具体表现为农村金融规模的扩大、农村金融结构的优化和农村金融效率的提高三个方面,这三个方面加速了金融深化,然后通过金融的储蓄效

应、投资效应和资源配置效应来促使农村经济进一步发展。

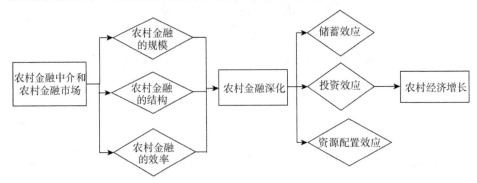

图 2-1　基于金融深化理论分析的农村金融支持农村经济增长的作用机理

1. 农村金融深化的储蓄效应

农村金融深化使农村金融市场的功能更加完善,农村金融工具不断丰富和完善,能够向有储蓄愿望的农村经济个体提供更多的储蓄产品,吸收更多的储蓄资金,有利于进行进一步的投资和优化资源配置。随着农村金融深化不断发展,农村经济个体获得资金的渠道也开始畅通,也就是说,流动性约束得到缓解,可能不需要有过多的预防性储蓄,反而会导致储蓄率降低。但是没有进入预防性储蓄的这一部分资金仍然有可能成为农村居民投资资金的一部分,伴随着金融深化,农民能够更方便地从金融机构获得资金支持,可以更有效地促进农村居民的投资意愿。整体上来说,农村金融深化对于通过储蓄效应促进农村经济发展具有积极的影响作用。

2. 农村金融深化的投资效应

(1)农村金融深化可以为农村居民发展农业和相关产业提供便利的融资渠道,进而促进农民快速致富。金融工具的增多也为农村居民进行实物储蓄提供了更多便利,利于农村社会发展中的资本积累,反过来又为农村经济增长提供更多的可贷资金。

(2)农村金融深化在一定程度上解决了信用经济中的"信息不对称"问题,进而可以有效降低农村居民储蓄面临的风险。在发达的金融体系背景下,对农村经济主体的信息质量要求不断提升,农村各经济主体会在与金融体系的交往中不断提升其向系统提供信息和使用系统内信息的能力。

(3)随着农村金融中介机构的不断完善、农村金融市场的不断发展,在金融活动中进行交易的费用不断减少,对投资者产生了一定的吸引力,增加了其向金融机构贷款的需求,有效地促进了农村地区的储蓄资金向投资转移。

3. 农村金融深化的资源配置效应

金融体系的一个基本功能是优化整个社会的资金配置。一个健全的金融体系要具有比较强的信息处理能力,通过筛选各种信息,将有限的金融资源分配到能够带来较高投资回报的项目上,进而大大地提高资本的生产效率以及投资回报率,还对经济产生积极的作用。

农村金融中介机构通过发挥其收集、评估信息的功能,有效解决农村经济主体信息不对称导致的问题,提高了资金的使用效率,降低资金运行风险。金融系统在这一过程中既为控制风险提供了途径,也为投资者提供了风险分担的机会,因此,金融深化可以通过促进金融资源的优化配置和金融系统的改善,提高资本的边际生产率,促进经济发展。

第三节　内生增长理论的农村金融支持农村
经济发展的作用机理

一、农村金融支持农村经济发展的基本内生模型

学术界已经将金融因素予以内生化,并进行了金融发展与经济增长关系方面的深入研究,从而形成了内生金融理论。内生金融理论还比较注重金融发展对经济增长的重要影响,以及对提高金融储蓄率、改进资本的配置效率和提高储蓄转化投资的效率等方面的影响。这与金融深化的观点大体上是相差不大的。不一样的是,内生金融理论是结合金融中介和金融市场来建立内生增长模型,通过该模型研究金融与经济之间的关系。

帕加诺(Pagano,1993)采用了简化的内生增长模型,即帕加诺模型(又称 AK 模型),对金融发展作用于经济增长的机理进行了分析。该模型以封闭条件下的金融发展与经济增长为研究对象,假定经济总产出(用 Y 表示)是资本总存量(用 K 表示)的线性函数,人口规模不变,生产的产品既可以用于投资,也可以用于消费。A 表示资本边际生产率(即投资效率或资源配置效率),则有:

$$Y_t = AK_t \tag{2-13}$$

如果所生产的产品全部用于投资,以 δ 表示折旧率,那么总投资为:

$$I_t = K_{t+1} - (1-\delta)K_t \tag{2-14}$$

假设没有政府的参与,则在两部门封闭的经济系统中,总储蓄 S_t 等于总投资 I_t 时,整个金融市场达到均衡状态。如果储蓄在金融系统作用下转化为投资的过程中资金消耗比率为 $(1-\delta)$,则:

$$I_t = \varphi S_t \tag{2-15}$$

式中:φ 为储蓄-投资转化率。

令 g_{t+1} 为 $t+1$ 期的经济增长率,由式(2-13)可知 $g_{t+1} = \dfrac{Y_{t+1}}{Y_t} = \dfrac{K_{t+1}}{K_t}$,带入式(2-14)和式(2-15),则有均衡状态下的经济增长率,表示为:

$$g = A\frac{I}{Y} - \delta = A\varphi s - \delta \tag{2-16}$$

由式(2-16)可以看出,农村金融通过三种途径,即储蓄、投资和资源配置作用于农村经济增长,这一点从公式中的储蓄率 s、储蓄-投资转化率 φ、资本边际生产率 A 可以看到。内生增长理论的单重效应的作用与金融深化理论中的作用比较相似,之前已经阐述过了,这里不再赘述。在内生增长理论的基础上,可以从物质资本积累、技术进步和人力资源积累的具体路径等方面探讨农村地区金融支持农村经济发展的作用机理。

二、农村金融通过物质资本积累路径促进农村经济发展

以帕加诺模型 $\left(g_{t+1} = \dfrac{Y_{t+1}}{Y_t} = \dfrac{K_{t+1}}{K_t}\right)$ 中可以看到,经济增长率等于资本积累

增长率,而资本积累是金融系统实现其基本功能后的结果。农村金融通过其储蓄效应、投资效应和资源配置效应的实现,促进了储蓄增加和投资增加,在投资金额一定的情况下,资源配置优化使得产出更多,这些共同导致了农村物质资本的积累,从而实现农村经济的增长。在这一点上,学者们意见比较统一。

史密斯和本西文加(Smith,Bencivenga,1991)通过建立一个将金融中介纳入内生增长理论框架中的内生增长模型,从单个投资者所面临的流动性风险入手,分析了银行的资源配置效应和经济增长效应。研究结果证明,在银行等金融中介存在的情况下,经济增长率更高。格林伍德和史密斯(Greenwood,Smith,1997)以史密斯和本西文加(Smith,Bencivenga,1991)的研究为基础,在假定中间产品生产技术为线性的条件下,深入探讨了银行、股票市场和经济增长之间的关系,认为包括金融中介和金融市场在内的金融系统能有效消除各实体经济主体的流动性风险,能够使投资占储蓄的比例增加。研究指出,相对银行体系,资本市场对经济增长的促进作用在特定市场条件下更为明显,能在更大程度上提升资源配置效率,促进经济发展。

格林伍德和约万诺维奇(Greenwood,Jovanovic,1990)在其建立的内生增长模型中,设定了两类情况:一种情况是经济主体采用了安全性高但收益率低的技术进行生产;而另一种情况是经济主体采用了风险较高但收益率也较高的生产技术进行生产。通过分析,可以确定金融中介有能力通过其评估程序在其中进行合理权衡,且能消除部分存在的风险。但其所确立的模型并不能推出金融中介的活动对经济增长的促进作用。

史密斯和本西文加(1991)在其所构建的模型中分析了金融中介对逆向选择问题的解决思路。研究表明,在均衡状态下,金融部门可以采取包括信贷配给在内的各种手段选择市场中的优质投资项目,从而提升资本的配置效率,加快和促进经济增长。皮斯和夫森(1996)认为,金融中介除了采取传统手段对资金使用者进行甄别和控制外,还可以有效评估各类借款人的风险状况。这也只能是在金融体系发展水平较高时才能有效发挥其促进经济增长的作用,而一个欠发达的金融体系较难实现金融发展对实体经济增长促进作用的各项功能。

因此,借鉴以往学者们的研究,我们可以认为,实现农村金融的发展可以解决农村金融领域流动性风险和信息不对称等问题,通过实现金融部门的各项功能,有效地增加农村地区的资本积累,为农村地区的经济发展提供更多的资金保障,大力促进农村经济的发展。

三、农村金融通过技术进步路径促进农村经济发展

金和莱文(King,Levine,1993)在其建立的内生增长模型中假设,金融系统除了前述各项推动经济增长的功能外,可以评估与分散实体经济投资项目中的创新活动风险,可以助力实体经济中的创新活动并提高其成功的概率,从而加速经济增长。也就是说,金融发展可以通过推动技术创新和进步来实现其促进经济增长的功能。后来,学者们较系统地分析了金融中介在降低信息不对称影响、推进技术创新步伐等加速经济增长方面的作用,同时还指出,对于金融系统解决市场外部性和信息不对称问题,可由政府通过包括投资补贴和税收优惠等在内的各项财政政策和行政手段为促进技术创新提供非金融的支持。

我们通过引入一个金融部门的内生增长模型,进一步分析说明金融发展通过推动技术进步这一路径促进经济增长的机理。该分析主要借鉴陈文俊(2011)的研究。

(一)模型基本假设

1. 消费者

本模型中的消费者均假设为可存活无限期的拉姆塞(Ramsey,1928)类型的社会经济生活中的消费者。设定初始人口规模为 $L_0=1$,第 t 期人口数量为 $L_t=L_0e^{nt}=e^{nt}$,人口增长率为 n。消费者收入包括工资(劳动收入)和租金(资本收入)。消费者可以选择消费或储蓄,假定消费者完全理性,以个人效用最大化为目标。消费者效用函数可以表示为:

$$U = \int_{t=0}^{\infty} e^{-\rho t} u(c_t) \, dt \qquad (2-17)$$

式中:c_t 为单个消费者在第 t 期的消费。ρ 为主观贴现率,当 ρ 越大时,与即期消费相比,消费者对未来消费的期望越低;从而储蓄意愿越低。$u(c_t)$ 表示消费者即期效用,用具体函数表示为:

$$u(c_t) = \frac{c_t^{1-\sigma}}{1-\sigma} \qquad (2-18)$$

其中:σ 表示相对风险的回避系数。

2. 生产者

在本模型中,假设经济系统中存在着最终产品生产部门、中间产品生产部门、产品研究开发部门和金融部门。假定最终产品生产部门和产品研究开发部门承担了所有的劳动,各自所占比重分别为 u 和 $(1-u)$;假定金融部门和中间产品部门的劳动量为 0。假设技术进步是采取罗默(Romer,1990)的中间产品种类扩大的方式,即中间产品之间不存在竞争关系。中间产品一旦生产出来,既不会失去其垄断地位,也不会被其他新中间产品所取代。假设最终产品(即消费品)是由投入劳动 uL_t 和一系列中间品 x 生产出来的。给定中间产品种类 N,最终产品的生产函数表示如下。

$$Y_t = A(uL_t)^{1-\alpha} \int_0^N x(i)^\alpha di \qquad (2-19)$$

式中:A 保持不变,以中间产品种类 N 扩大的方式表示技术进步,劳动 L_t 和中间产品 i 的边际报酬递减,两者合在一起时则规模报酬不变。$x(i)^\alpha$ 如果是可分形式,则意味着 $x(i)$ 独立于所使用的中间产品数量 N,假定新产品和旧产品不相关,新产品的出现不会使旧产品过时。

考虑到技术进步的影响,假定每种中间产品数量相等,设 $x(i) = \bar{x}$,生产函数可以表示为:

$$Y_t = A(uL_t)^{1-\alpha} N \bar{x}^\alpha = A(uL_t)^{1-\alpha} (N\bar{x}^\alpha) N^{1-\alpha} \qquad (2-20)$$

式(2-20)表明,Y_t 对 L_t 和 $N\bar{x}$ 呈现为不变规模报酬。式(2-20)中的 $N^{1-\alpha}$ 显示,最终产品产出随着 N 增加而增加,这一效应反映了把既定中间产品总量 $N\bar{x}$ 分散到更广产品数量 N 上所获得的收益,这一性质为内生增长的分析提供了基础。

在完全市场竞争条件下,最终产品的生产者的利润为零,则代表最终产品生产者的利润函数可表示为:

$$\max_{u,x(i)} \pi_Y = A(uL_t)^{1-\alpha} \int_0^N x(i)^{\alpha} \mathrm{d}i - w_Y uL_t - \int_0^N p(i)x(i)\mathrm{d}i \qquad (2\text{-}21)$$

式(2-21)中,w_Y 表示最终产品部门劳动者的工资,$p(i)$ 表示第 i 种中间产品的价格,将最终产品的价格标准化为单位 1。对式(2-21)分别求 u 和 $x(i)$ 的一阶条件为:

$$w_Y = (1-\alpha)Y/(uL) \qquad (2\text{-}22)$$

$$p(i) = \alpha A u^{1-\alpha} L^{1-\alpha} x(i)^{\alpha-1}, \forall i \qquad (2\text{-}23)$$

中间产品生产部门由一系列均匀分布在区间 $[0,N]$ 上的企业组成。该部门生产者从产品研究开发部门购买新产品的设计图,生产出新中间产品,并成为其产品的垄断者。为分析方便,假定新中间产品是以设计图和资本作为投入生产的,无需投入劳动。中间产品生产者依照所购买的设计图,可无成本地将 1 单位中间产品转化为 1 单位最终产品。

为简单起见,假定利率 r 为常数,从而发明一种新中间产品,所获得报酬的现值可表示为:

$$V(t) = \int_1^\infty [p(i)-1]x(i)\mathrm{e}^{-r(v-1)}\mathrm{d}v \qquad (2\text{-}24)$$

将式(2-23)代入式(2-24),可得到新中间产品每期报酬的表达式为:

$$[p(i)-1][p(i)/(\alpha A)]^{1/(1-\alpha)}/(uL) \qquad (2\text{-}25)$$

求式(2-25)最大化的解,可得到垄断价格为:

$$\bar{p}(i) = \bar{p} = 1/\alpha > 1 \qquad (2\text{-}26)$$

将式(2-26)代入式(2-23),可得到中间产品的产量为:

$$\bar{x}(i) = \bar{x} = uL\alpha^{2/(1-\alpha)} A^{1/(1-\alpha)} \qquad (2\text{-}27)$$

由式(2-26)和式(2-27)可知,每种中间产品的价格和产量在均衡状态下都相等。因此,可以得出如式(2-20)所示的最终产品生产函数。

假设设计中间产品的成本固定为零,而产品研究开发部门可自由进出,则发明一种中间产品所获得的报酬现值与所付出的代价相等,即有 $V(t) = \eta$。从而,将式(2-26)、式(2-27)代入式(2-24),可得均衡利率水平为:

$$r = (uL/\eta)\,\alpha^{2/(1-\alpha)}\left(\frac{1-\alpha}{\alpha}\right)A^{1/(1-\alpha)} \tag{2-28}$$

3. 研究开发部门

加入条件:技术创新(设计新中间产品)在投入劳动的同时还需要金融部门的直接参与。金融部门不仅要促进资本由储蓄者向技术创新者的转移,同时将对研究开发活动进行直接的风险投资。在银行参与下,增加了债权人治理和所有者治理行为,金融部门的参与和金融发展水平的提高能提高研究开发部门的技术创新效率,则新技术生产函数可表示为:

$$\dot{N} = B(F)(1-u)LN \tag{2-29}$$

式中:B 表示新中间产品生产的技术系数。金融发展将提高该技术系数,也就是说,$\partial B/\partial F > 0$,同时认定,现有技术水平(中间产品存量)对新中间产品的技术创新具有正外部性。

(二)平衡增长路径分析

由于分析中假定最终产品产出、消费和新中间产品数量增长的速度是相等的,因此,根据式(2-28)和稳态增长率表达式 $\dot{C}/C = (1-\sigma)(r-\rho)$,得到长期平衡增长率为:

$$\dot{C}/C = (1-\sigma)\left[(uL/\eta)\,\alpha^{2/(1-\alpha)}\left(\frac{1-\alpha}{\alpha}\right)A^{1/(1-\alpha)}-\rho\right] \tag{2-30}$$

由式(2-29)得到长期技术创新率为:

$$\dot{N}/N = B(F)(1-u)L \tag{2-31}$$

将式(2-31)和(2-30)联立,可得出技术创新率和产出长期增长率:

$$g = B(I\!X/\eta-\rho)/(X/\eta+\sigma B) \tag{2-32}$$

式中 $X = \alpha^{2/(1-\alpha)}\left(\frac{1-\alpha}{\alpha}\right)A^{1/(1-\alpha)}$。

由式(2-32)可以得出,金融部门的发展,通过提高中间产品的技术系数

(B)来促进实体经济主体的技术创新,推动了经济增长。

按照上述分析思路,农村金融发展可以通过向农村经济主体提供金融支持,包括发放信贷资金甚至直接投资,大力加快农村中间产品技术创新,进而促进农业技术创新,实现农村经济发展。同时应该看到,金融部门对农业投资的增加可以促进农业产业中的知识积累,而知识的积累又反过来进一步促进农业技术进步,从而形成良性循环。因此可以得出结论,农村金融发展可以有效促进农村经济发展中的资本积累,而资本积累的正外部性可以促进农业技术创新和农村经济增长。

四、农村金融通过农村人力资本积累和储蓄率路径促进农村经济发展

从 20 世纪 90 年代起,一些学者就开始对金融发展与人力资本积累问题进行研究,他们的基本的结论是,金融发展是通过增加人力资本的积累对经济增长起到推动作用。莱文(Levine,1997)在其建立的内生增长模型中,研究了股票市场的风险分散功能,其中分析了股票市场对人力资本积累和长期经济增长的影响,经过实证分析得出的研究结论表明,股票市场的发展促进了人力资本积累和经济的不断增长。格雷戈里奥和金(Gregorio,Kim,2000)在卢卡斯(Lucas,1989)线性人力资本积累模型和斯托克(Stokey,1991)人力资本积累的代际外部性模型的基础上,对信贷市场与人力资本积累的关系进行了分析,其分析是将信贷市场纳入所建立的内生增长模型中,研究结果表明,信贷市场的发展推动经济主体的专业化分工,专业化分工促进了人力资本积累,人力资本积累促进了经济增长。

结合前人的研究,从理论上讲,农村金融部门的发展会使实体经济中的农村各经济主体增加人力资本投入,并逐步提高人力资本生产效率,从而起到增加农村人力资本积累,促进农村经济发展的作用。同时,金融部门借助于农村物质资本投资,间接提高人力资本水平,从而促进农村经济发展。

在内生增长模型中,储蓄率本身能够影响经济增长。哈佩利和帕加诺

（Jappelli，Pagano，1994）在建立的跨期迭代的内生增长模型中，深入分析了流动性约束、储蓄率和经济增长之间的关系，研究认为，流动性约束存在时的储蓄率水平要高于信贷市场完善时的储蓄率水平，而储蓄率的提高可以加速物质资本的积累以及促进经济增长。借鉴已有的理论研究成果可以发现，农村金融发展对储蓄率的影响方向是不确定的，对经济增长的贡献也不能明确。农村金融的发展既可提高储蓄率，也可降低储蓄率，变化的方向取决于其他因素，依据农村经济发展的需要，当储蓄率水平达到最优状态时，才能有效发挥储蓄效应促进农村经济增长的作用。

五、基于内生增长理论的农村金融支持农村经济机理的逻辑分析

通过以上分析可知，基于内生增长理论的金融发展作用于经济增长的主要机理可分为以下几条主线：一是金融发展通过储蓄效应，增加了农村物质资本的积累，其中物质资本积累又具有正的外部性，以推动人力资本积累和技术进步，进而推动农村经济发展；二是金融发展通过投资效应提升了人力资本积累水平，进而推动农村经济发展；三是金融发展通过资源配置效应推动技术进步，进而促进农村经济增长。农村金融是一国金融体系的重要组成部分，与其他金融领域有着相似的特征，同时也有着自身的特点。在图2-1的基础上，进一步构建基于内生增长理论分析的农村金融支持农村经济增长的作用机理的逻辑模型，如图2-2所示。

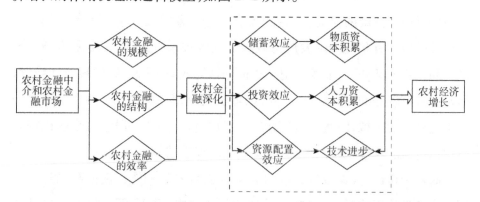

图2-2　基于内生增长理论分析的农村金融支持农村经济增长的作用机理

前面的金融深化理论和内生增长理论分析了农村金融发展支持农村经济增长的作用机理,在分析过程中,没有充分考虑到制度因素和政府在其中所起的作用。根据一些学者的研究,制度因素在经济增长中起到举足轻重的作用。新制度经济学的代表人物诺思指出,从经济学角度来看,制度是一系列被制定出来的规则、守法程序和行为的道德伦理规范,旨在约束追求主体福利或效用最大化利益的个人行为。雷钦礼(2017)研究发现,中国经济未来的持续增长驱动之一,是通过科研管理制度的改革,保护和激发企业和劳动者的技术创新,来大力提升科技进步的速率和效率。李强和徐康宁(2017)认为,强制性制度变迁和诱致性制度变迁都显著地促进了我国经济的快速增长,全面深化改革、加快制度创新是经济新常态下重塑我国经济增长动力的关键所在。因此,在分析农村金融支持农村经济的发展时,有必要加入制度因素。

从20世纪90年代开始,不完全竞争市场理论开始被运用到农村金融理论的分析中。该理论认为,当前发展中国家的金融市场属于不完全竞争市场,信息不对称情况较为普遍,贷款方(金融机构)对借款人的情况无法充分掌握,从而影响到金融市场功能的正常发挥。因此,为补救市场失效的部分,有必要采用一些非市场要素,政府行为应成为市场的有益补充。政府对农村金融市场的监管以及采取相应的金融监管制度,对于推动农村金融市场的发展,促进农村经济的发展起到重要作用。

李义奇(2005)认为,纵向社会结构下政府的超强控制能力与人格化交易习俗下市场基础的薄弱,决定了政府角色在金融发展中的关键作用。潘林伟等(2017)在研究金融发展与政府之间的关系中指出,在金融市场还不健全和完善的条件下,市场机制无法很好地完成对金融资源的聚集和配置,而政府具有较好的"市场增进"功能,能实现对市场机制在金融资源聚集和配置过程中的模拟,因此,需要政府以行政力量为主要手段干预金融机构和市场运行,在短期内实现金融对经济增长的促进功能。

高西和贾远远(2017)研究指出,金融制度的改革能够促使我国加快信用社会建设信用体系,推动金融结构的整体调整、升级,而良好的金融结构是经济增长的重要因素。曹婧宇(2017)认为,有效率的制度安排可以使得经济的增长与金融发展得到有效的提高,而无效率的制度安排会导致经济在增长与金融发展的过程中受到严重的影响。

图 2-3 在图 2-2 基础上进行了改进,其中加入了制度因素,是包含制度因素的农村金融支持农村经济增长的作用机理的逻辑模型。

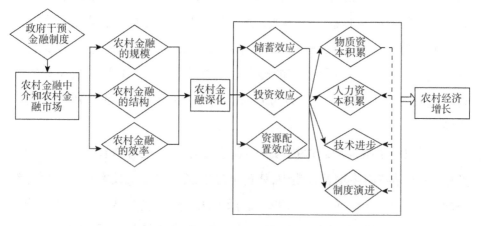

图 2-3　包含制度因素的农村金融支持农村经济增长的作用机理

从图 2-3 逻辑模型中可以看到,政府对农村金融机构和金融市场进行干预是通过制定各种政策对农村金融的发展产生影响;农村金融发展反过来推动了农村经济制度、农村金融制度的演进,并使其得到完善和发展,从而更有利于发挥农村金融的积极影响,推动农村经济的发展。

第四节　农村金融支持"三农"问题解决的具体路径分析

在上述基于金融深化理论和内生增长理论具体分析了农村金融支持农村经济发展的作用机理的基础上,借鉴其基本原理,本节将具体分析农村金融发展对于支持农村经济发展、农业经济建设以及农民收入增长等"三农"问题方面的作用路径。

一、农村金融支持农村经济发展的路径

（1）农村金融发展通过物质资本积累路径促进农村整体的经济增长。对于这一作用路径，学者们取得了较一致的意见。著名的帕加诺模型认为，经济增长率等于资本积累的增长率。而资本积累的增长是通过储蓄增加和投资增加路径实现的，同时伴随着资源的优化配置（即意味着同等投资能够得到更多的产出），这进一步说明，金融发展能够通过物质资本的积累这一路径促进农村经济的增长。在具体的经济发展过程中，通过增加农村储蓄、促进农村储蓄向农村投资的转化以及提高投资效率等方式，可以有效地促进农村资本的积累，进而为农村经济发展提供更多的可持续的资本支持。

（2）农村金融发展通过技术进步促进整体农村经济增长。在现有的研究中，尤其是在内生增长理论中，认为金融发展可以推动技术进步以促进经济增长。圣保罗（Saint-Pual，1992）选择了从金融市场对技术选择的影响角度分析了金融市场的长期增长影响，结论是，金融市场的一项重要功能是分散风险，在金融市场存在的条件下，经济主体可以通过获取充足的资金来选择专业化程度较高且生产力水平较高的技术来促进其本身的技术进步和经济增长。富恩特和马林（Fuente，Marin，1996）分析了金融中介（即金融支持媒介）在解决信息不对称问题、推动技术创新、促进资本积累和加速经济增长等方面所能发挥的重要作用。研究指出，市场外部性和信息不对称的存在，为政府发挥作用提供了空间。在农村金融支持农村经济发展的路径中，农村金融发展通过推动技术进步对促进经济增长亦可以起到重要作用，同时政府部门的积极参与也很重要。

（3）农村金融发展通过人力资本积累可以促进整体农村经济的发展。如前面的分析，农村金融发展通过增加农村人才资本积累促进经济增长。一是通过其功能为农村经济主体提供了高素质人力资源；二是增强了农村经济主体的市场竞争力和发展潜力；三是提升了农业劳动力的个人素质，为其不断增收奠定了坚实基础。

综合以上,农村金融支持整体农村经济发展的路径见图2-4。

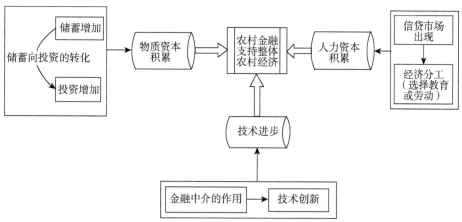

图2-4 农村金融支持整体农村经济发展的路径

二、农村金融支持农业经济建设的有效路径

(一)通过金融机构的大力支持,有效促进农业经济建设

通过政策性金融、合作性金融、商业性金融等有效金融支持措施,可以有效增加农业经济建设过程中的资金供给,尽可能满足农业建设过程中的资金需求,以达到促进农业经济建设的目的。例如,在我国的农村金融发展支持农业建设的过程中,政策性金融中占有重要地位的中国农业发展银行、国家开发银行等,对于满足农业经济建设的资金需求发挥着至关重要的作用,其中中国农业发展银行和国家开发银行尤为重要。

中国农业发展银行自2013年以来,政策性贷款占比达到90%以上。2016年农业发展银行按照国家"精准扶贫"的政策要求,调整了信贷投向和信贷计划,西部地区精准扶贫中贷款业务量稳步上升。2017年,农业发展银行以服务农业供给侧结构性改革为主线,坚持实行全力服务国家粮食安全、农业现代化、脱贫攻坚、城乡发展一体化的支农战略和国家重点战略。

2013年,国家开发银行与中粮集团签署开发性金融合作协议,五年内向中粮集团提供300亿元融资,支持中粮集团加快粮油食品业务发展,完善全产业链布局,有效保障国家粮食安全、助力"三农"发展。2017 年,国家开发银行和农业部签订了《共同推进全国农业现代化合作协议》,旨在充分发挥农业部的组织协调优势和国家开发银行的融资优势,共同推进农业供给侧结构性改革,加快培育农业农村发展新动能,助推全国农业现代化。根据协议,到"十三五"期末,力争开发性金融投放现代农业的融资总量达到 1000 亿元;国家开发银行将为加快推进农业供给侧结构性改革提供金融服务,积极开发设计与农业产业融资需求、生产周期和经营管理特点相匹配的融资产品,推行免担保、免抵押的便捷金融服务。

(二)大力发展农村保险业务,为农业生产提供保障

农业属于高风险产业,一是客观上面临着天气和气候变化造成的自然灾害,如旱涝灾害、病虫害、冰雪天气等,2015 年农业成灾率为 56.84%,其中因为旱灾造成的粮食损失为 300 亿千克;二是面临市场风险,从产业链管理进行分析,农业生产环节处于供应链的后端,对市场动态反应滞后,农民处于产业链的末端,处在信息接受者的被动地位,难以同步市场反应,且组织化程度低,缺乏对市场的谈判能力。农业发达国家均建立了较为完善的农业保险体系,以美国为例,《2014 年新农业法案》在原法案基础上,增设了损失保险计划(PLC)和农业风险保障计划(ARC)两个项目,主要是保障农户的收益,美国是用现代保险的"间接"方法,代替了过去传统商品市场补贴的"直接"手段。日本采用强制性保险与自愿保险相结合的方式,《保险法》规定,凡是生产数量超过一定数额的农民和农场都必须参加保险,农户的建筑物、农民家庭财产实行自愿保险,政府补贴 80%参保费率。中国目前实施的农业政策性保险和区域特色保险在现代农业发展过程中起到了重要作用,但总体而言,保险的品种、类型远不能满足农业经营主体的参保需求。未来应重点提高农业保险的质量与数量,依靠专业化、市场化的原则,健全现代农业保险体系,为农村经济发展提供保障。目前运行良好的有上海安信农业保险公司、长春的安华农业保险公司、河南的中原农业保险公司,它们的

成功经验值得同行学习。

(三)建设和完善农村信用体系,为促进农业经济发展提供了重要支持

现代农业发达国家的农村金融支持农村经济建设的经验表明,以政府为引导、市场主导相结合的农村信用体系建设,为农村经济发展提供了重要支持。政府要营造良好的金融环境,如建立社会信用体系,有利于融资双方的资金安全管理,制订法律法规,为金融系统的监管提供良好的法律环境,建设好金融系统运行的基础设施,为金融创新提供硬件支持。市场在资源配置中起决定性作用,资本配置将按照资金使用效率的高低在不同部门不同主体之间分配流通,促使各个产业都能获得预期的资本回报,进而倒逼农业产业从小规模的低效率向现代的产业化、科技化、专业化转型。

以上论述,梳理了农村金融支持农村经济发展的建设路径,具体见图2-5。

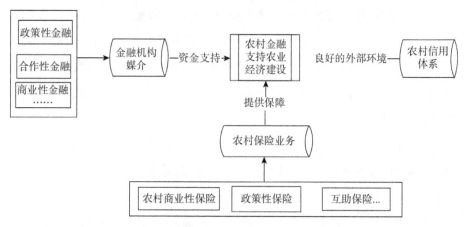

图2-5　农村金融支持农业经济发展的建设路径

三、农村金融支持农民收入增长的有效路径

(1)信贷支农是农村金融发展的重要方面,是促进农民增收的重要途径。刘永灿和江东(2016)指出,农村金融在促进农村经济中发挥着重要的作用,同时还有效地促进了农民增收。从农民的收入来看,农村金融主要是以信贷投资、教育投资以及完善就业结构变化来增加农民收入的。高凡修(2016)通过研究发现,农村金融发展主要通过政策性金融机构、商业银行体

系和农业保险对农民增收发挥直接的促进作用,并通过经济增长所引发的就业机制、转移支付机制和溢出机制对农民增收发挥间接的促进作用。孟兆娟和刘彦军(2012)研究了郁南县的金融改革模式,发现通过启动农村信用体系建设、创新农村信贷担保抵押产品、在健全农村金融体系方面进行一系列有益的探索,郁南县形成了具有独特内涵的破解农村融资难题的模式,其农村金融改革实践充分证明,金融支持政策能够有效促进农民增收。农村金融在资金供给方面,给农村经济发展提供了有利的资金支持。例如,农民可以通过农村政策性金融机构、农村合作性金融结构、农村商业性金融机构以及一些民间小额贷款公司、农村资金互助社、村镇银行等获得一定的信贷资金,用于发展经济,进一步促进农村经济的发展,进而成为农民增收的有效路径之一。

(2)与金融支持相配套的财政支农、贴息贷款和相应的国家农业贴补政策等,一方面为农民开展农业生产提供了一定的资金支持,另一方面减轻了农民负担,促进了农民增收。农村信贷补贴理论强调,对贫困农民采取低息贷款的政策,有利于提供有效的资金供给,以供农民开展生产经营活动,促进其收入增加。

(3)国家对农业基础设施建设、固定资产投资的增加,一定程度上增加了农村居民的就业机会,农村就业人口的增加、就业率的上升,成为农民增加收入的又一途径。此外,由于农村居民没有稳定的收入来源,加上未来不确定性因素过多,农村居民倾向于将闲置资金存入银行。农村居民将其闲置资金存入金融机构,一方面获得利息收入,成为增加农民收入的一个途径;另一方面,减少了资金闲置的机会成本。同时,农村居民闲置资金聚集在金融机构,金融机构就可以通过存贷业务的开展来调剂资金余缺,也可以将这些资金的一部分作为支持农村经济发展的资金供给,以进一步推动农村经济的发展,从而对农民收入的增长起到积极的推动作用。

第三章

农村金融支持的体系架构

第一节 农村金融约束与农村金融支持

一、农村金融约束

"金融约束"主张在经济落后、金融深化程度低的发展中国家,政府对金融部门有选择性地进行干预,如控制存款利率、控制市场准入及竞争、限制资产替代等,以此在金融部门和生产部门创造租金,提高金融体系的运行效率。金融约束论由赫尔曼、穆尔多克和斯蒂格利茨(1997)于 1997 年提出。斯蒂格利茨通过对战后日本及东南亚经济发展的观察,发现战后日本和东南亚存在着普遍的金融约束,当时却经历着快速经济发展,这一现象促使他思考或许某种合理的金融约束政策可以促进经济的发展,为此他与赫尔曼、穆尔多克一起提出了金融约束论的思想。这一想法首先出现在青木昌彦等主编的《政府在东亚经济发展中的作用:比较制度分析》一书中,后来在此基础上,赫尔曼等又提出了比较完整的金融约束论模型。

然而,由于种种原因,金融约束的政策在执行过程中可能会效果很差或受到扭曲,其中最大的危险是金融约束变为金融压抑。因此,要保证金融约束达到最佳效果,必须具备一些前提条件,如稳定的宏观经济环境、较低的通货膨胀率、正的实际利率、银行是真正的商业银行、政府对企业和银行的经营没有或很少有干预,以保证银行和企业的行为符合市场要求。

(一)农村金融约束产生的背景

为使国家摆脱金融约束所造成的金融发展和经济发展停滞不前的局面,麦金农和肖于20世纪70年代初比较系统地提出了"金融深化"理论,尖锐地指出了金融约束的危害,并严密地论证了金融深化与存款、投资、经济增长的正相关关系。该理论主张:

(1)发展中国家市场环境并不完善,我们必须加大金融活动的推行范围,挖掘金融活动深层次的内涵,将国内的闲散资金筹集起来,提高国内金融资本的存储量,促使这些资金转向投入生产,并迫使传统的金融机构、黑市退出市场,推出新型金融机构。

(2)在金融范围内,逐渐放松政府对金融市场的控制,利用市场竞争自由配置资源,借此提高实际的贷款利率,此时才能从利率中看出其应有的市场作用:反映金融资产的供需情况、取代当前消费的投资机会和消费者推迟消费的机会成本、连通存储和投资之间的关系、增加总投资、提升投资效率、促进经济发展。

麦金农和肖以发展中国家体制为背景分析出的"金融约束论"与"金融深化论",对亟须摆脱贫困的发展中国家来说,具有十分重要的指导意义。我国的经济存在着金融约束的现象,这种现象在我国被城市和农村分离开的二元社会结构下,表现更加突出。那么,为什么我国农村会出现金融约束现象呢?

金融约束产生的根本原因是金融产品的供求失衡,而我国农村的金融约束是供给和需求的双重不足导致的。对比其他发展中国家的实际经验,缺乏金融供给是经济发展中的一个普遍现象,这也是我国金融约束形成的一个重要原因。与此同时,我国农村地区对金融的需求处于抑制状态。我国农村金融约束的产生可以概括为如下两个原因。

(1)由于扩大规模或产业升级,农业生产经营主体向正规金融机构提出贷款需求,却没有得到有效满足,因此形成了"供给不足型金融约束"。

（2）很多农民对通过贷款来进行农业生产没有清晰的认识，贷款意愿不强，还有一些农民通过其他的手段获得了生产资金，对在正规部门获取贷款资金的需求就很低，由此形成了"需求不足型金融约束"。

目前，农村金融的供给情况未能得到有效改善，农业经营者的融资需求也并没有得到有效提升，金融供需结构愈加不合理，金融供需错位现象凸显。在未来乡村振兴战略中，农村金融约束现状必须得到有效改善。因此，要采取一系列措施进行农村金融创新。

麦金农和肖的金融约束论可以对我国农村经济转换中的金融约束给出一个比较满意的解释。不仅农村经济和金融供给小于需求会形成农业经济的金融约束，农村经济中现实的金融需求小于潜在的金融需求也会形成农村经济的金融约束。深化我国农业经济转型不仅要研究"供给不足型金融约束"，也要充分地研究农民"需求不足型金融约束"。单纯地分析哪一种金融约束都是片面的。

（二）我国供给不足型金融约束的成因分析

供给不足型金融约束是指正规金融机构在农村地区划分的贷款额度低，不能满足农村经济转型时期的资金需求量，限制了农村经济的增长速度。这种约束出现的原因是多种多样的，可以从下面五个方面来具体分析。

1. 经济体制方面

改革开放40周年以来，我国的经济形式发生了翻天覆地的变化。这一时期，国有经济保持了相对稳定的增长，而非国有经济增长势头也相当迅猛，我国形成了一个有多种经济形式共同发展的格局。然而，国有经济大多数存在于城市中，农村地区的国有经济体普遍较少，远远不及大城市。尽管国有经济是经济发展和经营的主要力量，但其增长的速度相对于其他类型的经济却太过缓慢，国有经济在经济发展势力中所占的比例呈现出一种减少的趋势。

改革开放以来，市场经济快速发展，原有的计划经济逐渐退出历史舞台,税收体系也响应改革,致使财政收入急速下降,国有企业的弊病一一显现,逐渐无法赶上市场经济的脚步,政府被迫通过增加金融机构对国有企业进行补贴和贷款。因此,国家大量资金投入到国有企业中,国有经济占比少的就不能得到足够多的金融支持,经济发展的速度受到了限制。由于我国存在渐进式改革进程、政府追求宏观经济的增长、急迫的员工安置问题,所以必须向国有企业注入资本以维持其生存。截至1985年,政府通过财政拨款的方式将这些资金注入国有企业,1985年以后,政府为了财政资金能达到利润最大化,将国家预算内基本建设的资金由拨款形式改为贷款形式,随后,国有金融机构向国有企业发放贷款被赋予了资金注入的意义。这意味着,国有银行依旧不能按照银行自身的意愿控制资金的投资方向。

为了使国有银行的资金来源稳定,在存款市场上,必须确立国有银行的垄断地位,阻止其他商业性的金融机构进入存款市场。通过这种方式,国有银行在获得居民的存款资金后,将大部分的资金投入到国有企业,来维持这种特别的资本构造,而农村经济获得此类贷款的比例相对较小。由于农村经济和国有金融体系存在着不同的信用联系,农村经济不能在国家控制的金融体系中寻求金融支持。国有银行向国有经济提供信贷的垂直信贷逻辑,并不适合农村经济。因此,在一定程度上,政府垄断了金融资源对金融资源的控制,在金融资源的分配上,存在着严重的偏见和制度性歧视,在这样的情况下,农村经济无法得到足够的重视,最终无法获得足够的贷款资金。

2. 金融体系结构方面

经过历史变迁,我国形成了以大型金融机构为主的金融体系,这种金融体系主要是为了对国有大中型企业提供支持而形成的。到目前为止,四家国有商业银行在整个银行体系中仍然占据着垄断地位,其市场份额依然占据半壁江山,资产和贷款的比例均达到3/4以上,存款比例也在70%左右。但农村贷款在国有金融体系中很难获得支持,这是因为农村贷款主体同国有大型金融机构之间存在信息不对称。大银行的贷款对象主要是拥有较好财务记录的大型企业。具体可以从以下两个方面解析。

（1）大型金融机构。与大企业相比，农村贷款主体缺乏信用表征，如果考察农业经营，农业收入的现金流具有季节性，并且面临着自然风险和市场风险的多重不确定性；如果考察农户基于品德的社会关系，这一社会网络主要存在于村域范围内，难以外化为经济信用，对银行而言，搜集成本极其高昂。对比企业贷款融资，农村贷款主体的贷款额度小、频次多，大型金融机构在处理这类业务时，成本较高，不符合"成本-收益"理论，所以大型金融机构不愿意去承揽这种类型的贷款，这会造成贷款的供给约束。

（2）微型金融机构。微型金融机构，可能在农村信用搜集、业务处理的灵活性方面具有优势，但在自己实力上、市场力量对比上，远不及大型金融机构。由于缺乏与大型金融机构之间良好的合作交流，所以小型金融机构在市场竞争中始终处于被动地位，而美欧等国家有足够的实力去开拓农村市场，这会造成供给型金融约束。

3. 贷款激励机制方面

经过多年的金融深化改革，政府放松了对正规金融机构的行政干涉。然而这种干涉并没有消失，一些地方政府仍然支持对某些大中型企业发放贷款，除了提供确定或者不确定的担保，还采取其他方式进行支持。其实这种情况对有借贷需求的农民和农村中小企业是很不公平的，要消除这种不公平性，就必须改变政府对某些大众企业的金融支持局面。

为激励银行对农村贷款，一种可能的方式是取得更高的回报，但我国许多金融机构是国家控股持有的，农村信用合作社在多次改革之后也依然具有很浓的官方色彩，通过增加利润的方式并不能起到很好的激励作用。此外，金融部门改革的一个重要方向是降低坏账率，可以让银行避开风险高、收益却不高的项目。实际上，我国中国人民银行要求所有银行将责任落实到具体贷款发放人员的业务范围内。这一政策使信贷部门的每个工作人员都要对自己发放的贷款负责，保证其在发放贷款后能顺利收回，否则就会承担一定的责任。因此，对于农村贷款这种贷款额度小且收回难度大的项目，他们就不愿意冒着如此高的风险去发放贷款了。此外，尽管政府已逐渐放松了对金融市场的控制,但仍然没有放松对利率的控制和对交易费用的把控,利率升降依然在政府的管控范围内。以农村信用合作社为例,由于农村信用合作社的贷款客户多是农村居民,他们没有固定的工作和收入,所以考虑到农村贷款的高风险性质,人民银行允许农村信用合作社的贷款利率拥有较其他商业银行(包括中国农业银行)更灵活的浮动范围,2017 年农村信用合作社的一年期贷款利率的浮动上限不能超过在中国人民银行规定利率的 50%。银行已经充分利用了此类利率政策的灵活性,但如果要激励农村贷款,利率还需要更强的自由度。银行和信用社暂时提出了一些新方法来避开利率的限制,如要求补偿性存款和征收所谓的逾期费等。

4. 贷款程序和抵押要求

我国的农村金融机构经常关注的焦点是融资项目的质量。然而,他们认为可以接受的项目的标准部分取决于他们的调查过程。这个过程,除了项目本身的经济价值以外,难免会受农村社会关系的影响,如果信贷审查人与贷款申请人具有亲密的亲缘关系或者良好的社会关系,贷款就容易获得;反之就可能被拒绝。对于大多数农民和农村中小企业来说,贷款申请的过程是要付出极高代价的。尤其是大多数农民的受教育程度不高,对于专业书面文件的撰写会力不从心,这是申请正式贷款的一个主要障碍。抵押贷款要求、申请过程成本和人际关系使农村中小企业难以获得银行贷款。

研究实证已经证明,通过抵押贷款打通农村金融是一条死胡同。原因非常明晰,受产权的限制,农民的个人资产不符合银行的抵押物要求。此外,农村范围较广,农民居住地区比较分散,在农村进行资产评估,所耗费的人力物力比较大,占用时间很多,一些偏远地区由于交通不便,甚至无法进行评估活动。此外,资产登记、缴纳登记费用等是每一年都必须进行的,重复缴纳的费用、烦琐的登记手续,给农民和农村中小企业的贷款申请设置了一个无形的障碍。

2010 年,国家推出了"三权"抵押,是指农民以其拥有的林权、土地承包经营权和房屋权作为抵押物抵押给商业银行等融资机构,并获得贷款融资支持的一种行为。主要目标是通过农村"三权"抵押融资,帮助农民解决农村贷款难的问题,支持农民创业致富,促进农村经济发展和农民增收,进而推进农业发展。我国一些省(市)在探索通过"三权"抵押来获取融资方面取得了一系列成果,为解决农村发展问题提供了宝贵经验。以重庆永川为例,重庆农村"三权"抵押融资自 2010 年 11 月开始试点,截至 2014 年 4 月 30 日,永川农村"三权"抵押余额合计为 9.4 亿元。其中,累计发放林权抵押贷款 10.6 亿元,剩余 7.1 亿元;累计发放房屋抵押贷款 3.1 亿元,剩余 1.5 亿元;累计发放土地承包经营抵押贷款 3.4 亿元,剩余 8570 万元。各试点表明,开展农村"三权"抵押,有利于盘活农村"沉睡"资产,丰富农村融资渠道,满足农民金融需求,是解决农民贷款难问题的有效渠道。

5. 竞争方面

农村金融机构在农村地区是一个信用中介组织,为农民的生活和农村金融的发展提供资金服务。在当前的农村金融机构体系中,主要包括政策性、商业性、合作性金融机构以及新型农业金融机构。政策性金融机构包括中国农业发展银行;商业性金融机构包括邮政储蓄银行和中国农业银行。其中,邮政储蓄银行在 1990 年开始自办,2004 年扩大了业务范围,各项业务快速发展,特别是国有商业银行收缩在农村领域的业务网点以后,为全国遍布城乡的邮政网点提供了巨大的吸储空间,截至 2017 年 8 月,邮政储蓄银行拥有 3.6 万个营业网点,其吸储规模仍在不断上升。合作性金融机构则包括农村商业银行、农村合作银行和农村信用合作社。新型农业金融机构包括村镇银行、资金互助社等。

对于农村金融机构的运营,国家已经出台了一系列的相关政策进行扶持和规范,但是扶持力度还需加强。国家对支农贷款的补贴由各个地方财政进行支付,因此在拨付时可能存在拖延甚至挪用、拒付等现象。此外,农村金融机构的产生是通过我国政府外生的组织机构,而并非农村地区内生出来的,因此政府会根据利益偏好对机构的运营进行干预,使农村金融机构在运营时带有一定的垄断性,自由竞争被弱化,产生低效率、道德风险等问题。商业银行由于贷款程序更严格,在农村地区处于弱势地位,因此相继退出农村地区。农村信用合作社在农村的金融市场上居于垄断地位,但是由于它"只存不贷"的模式,造成农村资金的"失血效应",形成了对农村金融资源的"抽水机效应",直接削弱了金融对"三农"的支持力度,并影响了农村经济的正常发展。在这种情况下,信用社独自享有农村金融资源,不但造成了融资渠道单一,而且它对金融供给的垄断将不可避免地使经营效率降低,阻碍农村经济的发展。

(三)我国需求不足型金融约束的成因分析

为了迎接我国需求不足型金融约束的成因,重点研究一下对农村金融有需求的主体。农村信贷需求主体主要分为两类:农民和企业,具体内容如表3-1所示。

表3-1　我国农村信贷需求主体层次、信贷需求特征与获取方式

信贷需求主体层次		信贷需求特征	信贷需求获取方式
农民	普通农民	生活开支、小规模种养生产贷款需求	民间小额贷款、小额信贷(包括商业性小额信贷)、政府扶贫资金、财政资金、政策金融
	专业种养大户	小规模种养业生产贷款需求、生活开支	自有资金、民间小额贷款、合作性金融机构小额信用贷款、少量商业性信贷
	个体经营农民	专业化规模化生产和工商业贷款需求	自有资金、商业性信贷
企业	微型、小型企业新型农业经营主体	启动市场、扩大规模	自有资金、民间金融、风险投资、商业性信贷(结合政府担保支持)、政策金融
	微型、小型企业	面向市场的资源利用型生产贷款需求	自有资金、商业贷款
	龙头企业 培育初期的龙头企业	专业化技能型生产规模扩张贷款需求	商业性贷款、政府资金、风险投资、政策金融
	龙头企业 发育成熟的龙头企业	专业化技能型规模化生产贷款需求	商业信贷、政府资金

农民的金融需求呈现以下几个特征。

(1)信贷融资能力较低。对比城镇企事业单位的工作者,农户的信贷融资能力较弱,主要体现在两点上:一是拥有的金融资源较少。农民的日常收入和支出情况决定他们能够申请贷款的额度。2015年农村居民人均可支配收入为11421.7元,实际增速为7.5%,高于城镇居民增速0.9个百分点;收入由四部分构成,其中工资性收入4600.3元,经营性收入4503.6元,财产净收入251.5元,转移净收入2066.3元。但同期消费总支出为9222.6元,所以剩余2199.1元,能够储蓄的金融性资产较少。如果家庭遇到不可预测的变故,农民的风险承担能力又极其脆弱,这样金融资源总量越来越少,不可避免地影响农户的总体融资能力。

(2)贷款用途多元。从贷款的使用用途上来说,农民贷款主要用途分为生活性贷款、生产性贷款和非正常贷款三类,且很多是生活性质的生产贷款,因此缺乏经营性收益来作为还款来源,这样农户的贷款偿还能力就逐渐减弱,金融机构的资金安全性就会受到影响。

(3)贷款周期短、规模小。从贷款周期上来说,农民贷款一般是进行短期贷款。由于农业和畜牧业的生产是在一定的时间范围内进行的,这个范围一般是几个月,最长一两年。生产活动产生效益后,农民就可以偿还贷款,这就需要贷款的期限与生产的周期相匹配。从贷款规模上来说,农民贷款的规模一般比较小。这是因为农民的生产规模一般是较小的,因此对生产性资金的需求也相对有限,这也就决定了农民贷款的规模较小。

(4)抵押担保物有限。通常情况下,借款人提供资产担保和抵押物担保是一种常见的做法,这在城乡企业中都是具有可行性的,但对农民来说却是不可行的,因为农民缺乏可以用来进行抵押和担保的资产。由于我国产权配置多元,所以农房、农地不能进行抵押;而农民的生产性固定资产投资可变现性极差,所以也不能进行抵押担保。这样农民的融资主体资格就被排除在金融机构的有效范围之外。

随着城乡一体化的发展,上述特点也发生了相应的变化。政府对农民实施多予、少取、放活的方针,将增加农民的金融盈余;农村大规模的基础设施建设,也必然会促进农村相关产业的发展,促使农民贷款快速增加。2001年全国农民贷款为5153.59亿元,2005年农民贷款11528.78亿元,2010年为117141.13亿元,2013年为206143.11亿元,年均增长率高达53.4%。随着城镇化的快速推进,大量农民进入城市,促进了农村产业的相对集中,农民贷款期限短、金额低的特点也会发生变化;政府鼓励农村土地的流通转让,为实现农民通过土地抵押来获得贷款带来了希望。

农民在进行贷款时是比较理智的,目的性比较明确。借贷资金的基本目标可以概括为收益和效用的最大化,并且由于净收益取决于资金的预期收益以及获取资金的代价,因此,需求不足型金融约束的成因可以用农民在不同借贷方式之间的借款选择来解释。显而易见,如果农民借款的预期收益率高,而且没有其他非正规金融组织参与竞争,那么农民必然会增强从正规金融组织借款的需求;相反地,如果农民借款的预期收益率较低,并且存在其他更加方便的借款方式,农民对正规金融部门的资金需求就会受到约束,从而导致农村中的需求不足型金融约束。

从农民借贷需求的特点上来看,当农民在选择贷款机构时,银行、农村信用合作社、私人借款之中,如果农民选择从非金融主体(如亲朋好友)那里借款,这表示他们对正规金融部门的金融需求将受到约束。事实上,大量的实证研究已经证明,我国大部分的农民都是选择通过向私人借款来解决贷款问题的。这种情况表明,当前的农村金融基本是依靠农民向亲朋好友借款结成的关系型信用,而不是通过在正规机构签署正式合同借款的合约型信用。与正规金融部门的合约型信用相比,关系型信用的存在更加普遍,而且获得资金的速度更加快捷,因此在一定程度上,关系型信用对合约型信用会有产生一定的排挤作用。究其原因,体现在下述几个方面。

第一,在某种程度上,关系型信用不会产生更多的交易费用。就借款而言,农民是选择关系型信用借款,还是选择合约型信用借款,会参考这两种融资方法哪种更能保证借款成功、哪种操作方式更加便捷、哪种获得资金的速度更快。选择合约型信用借款的话,我国农村的正规金融机构类别较少,其营业网点分布也相对较少,不具备融资方式的多元性,尤其是正规的金融部门要求严格,当农民不能提供可靠的贷款担保时,是不会向其提供贷款的,这就给农民贷款带来了极大的不便。而农民自身的特点决定了其在金融机构的交易次数比较多,借贷金额比较小,在没有土地抵押贷款的情况下很难提供有价值的抵押品。在这种情况下,只要人情的成本低于正规的金融部门贷款利率和交易费用,农民的理性选择就会更加偏向于通过亲朋关系来借得资金。

第二,关系型信用通常有能够相互提供担保的特点。从正规金融部门借钱来获得资金时,通常需要支付合约规定的金钱作为利息,但在关系型信用借款中,借款农民向贷款农民付出的是一种被称为"人情"的成本。这种人情的成本既是有弹性的,又具有连接借贷双方情况情感、关系等的作用。

第三,关系型信用在实施过程中具有自主履约的特点。农村地区的借贷双方之间经常发生经济往来,这种往来可能会无数次地进行,一旦发生借款农民欠钱不还的情况,贷款农民将永远不会再与借款农民发生经济往来。更重要的是,借款农民因欠钱不还的行为在村子中还会面临更多的惩罚,贷款农民会在与村民的交流中将其违约行为广泛传播,将借款农民的不良行为扩散给所有村民,导致借款农民失去更多的借款来源。但对于正规金融部门而言,和农民之间的信息具有不对称性,为消除信息不对称所导致的"道德风险"和"逆向选择",借贷双方通常需要支付较高的交易费用。这是农民与正规金融部门形成借贷关系的重要障碍。

对农村企业来说,由于大多数是中小企业,金融需求倾向于关系性信用借款的特征。从经济的角度看,贷款技术可以概括为四个类别。

①财务报表型贷款。该类贷款的发放决策和贷款条件主要基于贷款申

请者所提供的财务报表所反映的财务信息,如果具有稳定的现金流和良好的收益能力,满足银行对偿债能力的要求,就可以获得贷款,这主要是针对企业而言。②抵押担保型贷款(又称资产保证型贷款)。这类贷款的决策主要取决于借款者所能提供的抵押品的质量和数量,而非财务信息,普通城镇居民可以利用自己的房屋资产进行担保,获得银行的贷款融资。③信用评分技术。它是指信用评级机构按照规范化的程序,采用一定的分析技术,给出关于受评对象的信用风险的判断意见,并将结果用一个简单的符号表示出来,并做出贷款决策的行为。企业信用等级符号的定义从 AAA 级到 C 级,共 9 个级别。理论上,信用本身是一个无法获得准确定义的问题,所以在实务中,信用评级只能作为贷款决策的辅助参考,不能作为发放贷款的直接依据。④关系性信用借款。银行的贷款决策主要基于长期和多种渠道的接触所积累的关于借款企业及其业主的相关信息而做出,这种信用主要来源于非正式组织渠道,依靠社会网络获得,具有一定的参考价值。

一般来说,前三类贷款主要涉及的是固定信息,这类信息不是由人来决定的,很容易用来编码,进行量化处理和对外传播。它们属于纯粹依靠市场进行交易的贷款,通过这三种形式贷款,大企业更加容易贷款成功,中小企业却不太适合这三种方式。关系性信用借款就难以用数据表示、传递出来,具有很强的人格化特征,不全靠市场来调控,还有人的因素存在的准市场交易,通过这种形式,中小企业贷款更容易获得贷款。准市场交易的关系性信用借款实际上是银行和企业共同构建的一种制度安排,用以克服这种市场失灵的现象。但由于现实情况下贷款人不固定是某个人或某个机构,大银行很难把握贷款人的个性化信息。由于这种个性化的信息,关系性信用借款只能在亲戚、朋友、同学、同事、邻里和其他熟人之间进行。对于陌生人来说,这种个性化的信息是不可控制的,或者需要付出高昂的代价来掌握。它包括关于借款人性格、个人能力、风险偏好等各方面的信息。

二、农村金融支持

农村金融约束严重影响了农村经济的发展,因此,如何缓解农村的金融约束就成了各国政府在发展农村经济、促使农村繁荣的过程中需要解决的一个重要政策难题。其中,最重要的是要为农村经济的发展提供金融支持。可以说,农村金融约束和农村金融支持是同一个问题的两个方面:农村金融约束的广泛存在,导致了必须对农村经济发展提供金融支持;金融支持是解除农村金融约束的一个根本途径。下面对农村金融支持的相关原理进行说明。

按照经济增长理论,可以发现决定经济增长的因素有劳动力、资本和技术。金融发展和经济增长之间具有相互促进的作用,资金投资、提高投资效率都是金融发展促进经济增长的一个重要方式。金融体系在经济增长中所扮演的积极角色被称为金融支持。

在货币金融与经济增长的关系上,经济学界有多种不同的看法。古典主义经济学家相信"萨伊定律"[1],强调货币的中立,认为货币是笼罩在实体经济上的"面纱",货币供给量的变化并不影响产出、就业等实际经济变量。因此,古典主义认为经济额增长完全由实体部门决定,任何货币政策都是不可取的,对经济的发展还会产生负面的退缩作用,制定货币政策就只是为了赋予货币购买商品的能力。瑞典经济学家魏克赛尔[2](1959)是最早反对货币面纱论的经济学家之一,他在自己的论著《利息和价格》中提出了自然利率,认为货币不是面纱,而是影响经济的一个重要因素。魏克赛尔(1959)认为,如果银行降低存款利率,使市场上的货币数量增加,贷款的利率就会变小,生产成本会有所下降,这样企业家们就会加大投资力度,将更多的资金投入到生产中去,增加生产效益;反之,如果银行提高

---

① 萨伊定律(Say's Law),也称作萨伊市场定律(Say's Law of Market),一种自19世纪初流行至今的经济思想,因19世纪的法国经济学家让·巴蒂斯特·萨伊(Jean-Baptiste Say)而得名。萨依定律主要说明,经济一般不会发生任何生产过剩的危机,更不可能出现就业不足。虽然当今经济学教科书已将其内容删去,然而还有不少微观或宏观经济理论是依据萨依定律而得出结论的。

② 魏克赛尔(1851—1926),瑞典经济学家,瑞典学派的主要创造人。主要著作有《价值、资本和地租》(1893)、《财政理论考察,兼论瑞典的税收制度》(1896)、《利息与价格》(1898)、《国家经济学讲义》(第2卷,1901—1906)、《经济理论文集》(1958)等。

存款利率,收回一些市场上的货币数量,贷款利率就会高于自然利率,企业家们就会缩减生产资金。以魏克赛尔(1959)的货币经济理论为基础,凯恩斯(1997)在1936年出版了名为《就业、利息和货币通论》的专著,提出要增加市场上的货币数量、降低贷款利息,吸引更多企业来贷款,使市场就业率变高、国民的收入增加。凯恩斯认为,货币经济的不稳定以及人们对经济的消极看待,从根本上导致了失业和经济的萧条,而克服经济危机的主要措施是政府应该采取适当的货币和财政政策。考虑到货币在市场上的巨大作用,凯恩斯提出了通过国家对通货进行宏观管理以实现国家干预经济,还要把对货币的分析糅杂到他的理论的各个方面,建立了一种新的货币分析方法和货币经济理论。此外,凯恩斯认为,由于"流动性陷阱"的存在,货币政策的作用相对较小,财政政策是国家干预经济的主要手段。

20世纪50年代,兴起一种以弗里德曼为代表的货币主义,再次强调了货币及货币政策的主要作用。货币主义的主要观点如下。

①货币在市场上是最重要的,货币是生产产出、人口就业率、物价水平提升的驱动力;②货币存量的变化是货币推动力最可靠的测量标准;③随机抉择的经济政策只能不断给经济运行造成紊乱,单一货币规则是熨平经济波动的最佳方案;④货币量的变化会直接影响经济,而无须通过利率进行传导,重要的是控制货币供应量。

帕特里克(Patrick,1966)认为,对金融发展与经济增长之间的关系进行研究,首先应当关注的是谁推动谁、谁引导谁,也就是谁先谁后的问题,即是金融的发展促进了经济的增长,还是经济额增长带动了金融的发展的问题。帕特里克根据经济发展在不同阶段时经济增长与金融发展所呈现出的不同特点,提出了金融发展与经济增长有"供给引导"和"需求跟随"两种相互关联的理论框架。按照帕特里克的框架,经济增长与金融发展之间的关系可以概括为下面几种情况。

（一）金融发展推动经济增长

金融发展推动经济增长是指金融的发展比经济对金融服务的需求发生得更早，因而对经济增长有着积极影响，能更有力地调动那些在传统部门不起作用的资源，将其转移到现代化的部门，发挥其促进经济增长的积极作用，并保障这部分资源能够作用在最有活力、最能够产生经济效益的项目上。

金融发展理论的几个开创性学者可归入此类，他们都认为金融发展是获得高经济增长率的必要条件。

借用帕加诺（Pagano,1993）的简易框架，通过一个模型来概括反映金融发展作用于经济增长的机制。在模型中，总产出与总资本存量是线性关系。具体形式为：

$$Y_t = AK_t \qquad (3-1)$$

式中：Y_t 表示总产出水平；K_t 表示总资本存量；A 表示技术系数。为了简化，在模型中假设人口规模不变，全部收入被投资或被消费。假如投资，每期的折旧率为 δ，则 t 期的总投资水平 I_t 为：

$$I_t = K_{t+1} - (1-\delta)K_t \qquad (3-2)$$

资本市场的均衡条件要求总存款 S 等于总投资 I。假设存款转化为投资的比率为 Φ，那么 $1-\Phi$ 为金融系统中的存款漏出。

$$\Phi S_t = I_t \qquad (3-3)$$

由式（3-1）可得 $t+1$ 期增长率。

$$g_{t+1} = \frac{Y_{t+1}}{Y_t} - 1 = \frac{K_{t+1}}{K_t} - 1 \qquad (3-4)$$

将式（3-2）、式（3-3）代入式（3-4），得到稳定状态下的增长率。

$$g = A\frac{I}{Y} - \delta = A\Phi S_1 - \delta \qquad (3-5)$$

在式（3-5）中，我们把总存款率 S/Y 定义为 S_1。

式（3-5）显示，我们可以通过影响 Φ（存款被转化为投资的比例）、A（资本的边际社会生产率)或 S_1(私人存款率)来影响增长率 g,下面我们依次介绍这三种机制。

1. 金融体系的发展,可以将存款转变成投资,从而推动经济增长

金融发展推动经济增长的第一个重要功能是将存款转变成投资。在将存款转变成投资的过程中,金融体系需要吸收一部分资源,因此,同样的存款金额并不能获得等额的贷款数来用于投资。剩余的一部分金额就会以存款与贷款之间的利息差的名义进入银行,还有一部分以佣金、手续费的名义支付给证券经纪人及交易商家。金融发展使金融部门减少存款,使其转变成投资所产生的费用,也就是式(3-5)中的 Φ 增加,这样增长率 g 就会得到提高。

2. 金融体系的发展,可以提高资本配置效率,从而推动经济增长

金融发展推动经济增长的第二个重要功能是把资金分配到资本边际产出最高的项目中去。在上述框架中,金融体系通过三种方法来提高资本生产率 A,从而促进资本的增长。第一种方法是收集信息,以便评估各种可供选择的投资项目;第二种方法是提供风险分担,促使个人投资于风险更高但更具生产性的技术;第三种方法则是促进创新活动的发展。

3. 金融体系的发展,可以改变存款率,从而影响经济增长

金融发展推动经济增长的第三个重要功能是改变存款率 S_1。在这种情况下,金融发展与经济增长之间的关系还不清楚,因为金融发展也有可能降低存款率,进而降低经济增长率。随着金融市场的发展,家庭可以更好地面对他们的财富所受到的冲击,分散资金在最终获得收益的过程中会遇到的风险,同时家庭在获得消费信贷时成功的概率更高。金融发展还缩小了企业支付的利率和家庭收取的利率之间的差距。这些因素都会对存款行为产生影响。

当然,这里所说的金融发展推动经济增长只是金融影响经济的关键部分,并不是它的全部。其涉及的主要对象是将存款转变成投资的机制。金融对经济的影响还不仅如此,其他的,例如货币政策的目标、传导机制对经

济产生的作用也是金融发展影响经济发展的重要方面。

(二)经济增长带动金融发展

经济增长带动金融发展是指金融发展是实际经济部门发展的结果,它在面对经济发展对新金融服务的需求方面是消极存在的。曾经社会普遍认为,金融体系仅仅是为了迎合实际经济部门融资的需要,配合这些部门的自主发展而运行的,因而其作用是相对被动的。

在经济增长的同时,经济的真实增长为金融部门的发展做出了贡献。随着市场的持续发展和生产效率的不断提高,有必要采取更有作用的措施来分散风险,将交易产生的费用限制在一定的额度内,为了达成这些目的,就需要金融机构提供大量的金融服务。与此同时,金融活动会促使金融资源发生转移,由经济效益较低的传统部门转移到经济效益高的现代化部门,所以对金融服务的需求高低也取决于经济效益不一样的部门之间不同的增长速度。罗宾逊(Robison,1952)认为金融的发展只与经济的增长有关系,即经济的增长导致金融的发展。他还指出,金融发展和经济增长之间这种亲密的关系,也有可能是受其影响的各种效应之间的相互作用所产生的。

金融部门在经济增长过程中呈现出动态的发展过程,格林伍德进和约万诺维奇(1990)、史密斯和本西文加(1991)、莱文(1997)证明了这一命题。他们在各自的研究中引入了固定的进入费用或固定的交易成本,借以说明金融中介体和金融市场是如何随着人均收入和人均财富的增加而发展的。

在经济发展的早期阶段,人均收入和人均财富都很低,人们无法支付固定的进入费用,即使有能力支付,也会因为交易量太小、交易量所承担的单位成本过高,导致入不敷出,也就对金融中介体和金融市场起不到激励的作用。只有在他们的收入和财富达到一定的水平之后,人们才可能考虑使用金融中介体。由于在经济发展的早期阶段,对金融服务的需求不是很高,所以金融服务的供给没办法产生,所以金融中介体和金融市场也就没有存在的可能性。

当经济发展到一定阶段以后,一部分先富裕起来的人由于其收入和财富达到上述的临界值,所以有动机去使用金融中介体和金融市场,也就是有足够的能力去支付固定的进入费用。这样,就建立起来了金融中介体和金融市场。随着时间的推移和经济的进一步发展,越来越多的人收入和财富达到临界值,也就有更多的人使用金融中介体和金融市场,这表明金融中介体和金融市场可以不断发展。最终,当所有人都更加富有,都能从金融服务中获取利益时,金融部门的增长速度就会逐渐降低,不再比其他经济部门发展过快了。

(三)两者的关系取决于经济发展的阶段

结合上述两种观点,可以发现,金融发展与经济增长之间存在着两种关系。经济发展处于什么样的阶段将决定这两者之间的关系会如何发展。在经济发展的初期阶段,金融部门通过建立金融机构、提供金融资源,在经济发展中发挥着主导作用。特别是,当投资人能够做到技术性突破时,金融部门可以有效地为其提供研发资金,反映出金融发展推动经济增长的作用。当经济发展到一定阶段,越来越成熟时,经济增长就会起到带动金融发展的作用。

应该值得注意的是,金融发展对经济增长的影响,更多地体现在提高存款率和存款投资转换比例上。经济增长的情况下,国民收入大都会得到增长,相应的,越来越多的闲散资金会被投入到存款市场,而金融发展提高了存款率和存款投资转换比例,从而增加了投资、增加了生产、提高了生产效率、提高了经济增长的速度。经济增长和金融发展相互影响、相互促进,形成一个良性的循环模式,显示出良好的耦合关系。它们的关联机制如图3-1所示。

我国经济发展具有很大的区域性差异,农村金融对经济发展的支持由于地域的不同是不一样的。在西部经济落后地区,在基础设施建设和扶贫方面反映了金融需求,主要是解决贫困农民基本的金融服务问题,这不是通过商业金融渠道就能实现的。在我国中部的一些地区,财政需求的主要问题是支持农村生产的发展。在东部沿海经济发达地区,金融需求主要是中小企业的融资问题。因此,根据帕特里克的金融发展理论,在发达地区应采取经济增长带动金融发展农村金融供给发展战略,在经济欠发达地区采取金融发展推动经济增长的农村金融发展战略。

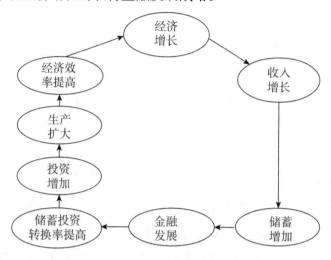

图 3-1　金融发展与经济增长的关联机制

第二节　农村金融支持体系构建原则

一、系统原则

从系统理论的角度来看,农村金融是一个大的系统,必须用系统思维的模式来进行农村金融体系的建设,坚持城市和农村经济的共同发展,改变以往城市先于农村进行金融改革的习惯。我国在经济和金融改革的顺序上,是要先进行经济改革,之后才会对金融进行改革。经济改革的前期措施是在农村地区实施的,而金融改革的前期措施是在城市里实施的,不可避免地会导致农村地区金融改革和经济发展不能同步进行,农村金融改革落后于农村经济发展,在经济发展的过程中对金融的需求就不能得到满足。因此,经济发展与金融支持之间的关系必须要协调好,并结合城乡产业政策来进行调整,使不同种类的市场参与者获得比较公平的融资条件。应充分照顾农业的内在本质,安排有效的操作制度,鼓励金融机构支持农村经济发展和产业结构调整,适当地对农村金融给予政策上的优惠,改善经济发展与金融发展不对等的关系。

二、功能互补原则

农村金融市场按照信息不对称理论,需要多元化的金融组织。农村金融市场不能是一个单一金融市场,应该由多个局部金融市场组成,这样才能够利用这些收集大量的有效信息。

为了充分利用市场信息,参照我国农村经济和金融的特点,以及现有农村金融机构存在的问题,必须建立一个合理的农村金融组织。按照功能互补的原则,要鼓励农村金融机构向多元化发展。为了实现这一目标,就要建立一种各类金融机构共同存在、协调运转、有竞争性的机制。具体实施这类措施,要开放农村金融市场,吸引更多商业性的金融机构,改变国有金融机构的垄断地位,才能使金融市场持续稳定地发展,真正地形成基于竞争的农村金融体系。金融机构共同发展的情况下,为了避免自身被淘汰,会努力去除金融机构内的各种弊病,提升员工的服务能力,提高金融市场的占有率,更好地满足多元化的农村金融需求。竞争可以带来效率,促进金融创新,扩大金融服务供给,促使金融机构按照服务产品的成本和实施风险定价。

农村金融体系是由国家的正规金融和一些民间金融组成的。要合理界定政策性金融和商业性金融边界,大力发展合作性金融。要放开民间金融,发展地方中小民营金融机构。

在建立多元化的金融体系的同时,我们还应该看到,金融机构的功能比金融机构的组织结构更加重要,只有机构不断创新和竞争,才能保障金融体系具有更强的功能和更高的效率。因此,从功能观点看,首先要确定金融体系应具备哪些经济功能,然后据此来设置或者建立可以最好地行使这些功能的机构与组织。

三、组织化原则

从日本和韩国的经验来看,很重要的一点就是合作性金融相当发达,且寓于农业合作组织之中。在日本,合作性金融是日本农林渔业协同组合系统所办理的信用事业。同样的,农业协同组合在韩国金融机构体系中也具有不可或缺的地位:一方面,农业协同组合在农村吸收存款、筹集资金方面发挥着重要的作用;另一方面,韩国几乎所有的农业贷款都是通过农业协同组合发放的。

目前,我国农民中并没有很多人合作起来进行金融活动,就算有人在进行合作,也大都是因为政府的要求,而不是因为自己的意愿结合起来的。所以,有必要以满足农民融资需求为目标,组织农民以及民间的金融结构共同建立一个以农民为主的经济组织,因为只有广大农民自己团结起来,才能为争取和保护自身的利益而去努力。农民经济组织为成员去金融机构贷款,不仅可以为成员个体提供贷款的担保,也可以帮助成员解决缺少过往贷款历史信息记录的困难,而且可以作为成员争取贷款的坚强后盾,增强其与金融机构谈判的信心,极大地提高农民在融资过程中的谈判能力。农民自己的经济性组织可以通过提升农民的组织化程度,去提升其谈判能力,降低社会交易成本。如在浙江等地内发于农民专业合作社的互助性金融组织,对解决农民生产经营性的资金需求具有良好的作用。社区股份社等在提供农村公共服务、解决农村社区的日常事务上都发挥着重要作用。良好的外部环境会提升农民的发展能力,农村经济得到极大的发展,这也会提高金融机构向农村地区发放贷款的可能性。

四、利率市场化原则

针对目前农村资金向城市转移的现状,以及民间信贷不规范所隐藏的风险,要从支持农村经济发展、规范农村金融秩序的目的出发,率先在农村推进利率市场化。这样做有两方面的好处:一方面,农村利率市场化有助于限制农村资金的"城市化"倾向,使原来脱离农村市场的资金回到农村,相应地提高农村融资活动的利率水平,增强农村市场的资金形成能力,起到增加农村金融机构的资金来源、支持"三农"经济发展的作用;另一方面,农村利率的市场化,可以引导民间金融的规范化发展,使非法金融向合法金融的方向发展。据估计,截至 2015 年,我国民间资金达到了 12 万亿元,利率市场化可以引导这些资金进入规范的农村金融体系。如果这些资金仍以民间资金的形式存在于民间金融市场,便可能累积金融风险。

只有在贷款利率市场化的状态下,金融机构的定价机制才有可能根据每一笔贷款的预期风险来进行,或者是根据整个贷款资产组合的综合风险来进行。如果不推行贷款利率市场化,金融机构或组织之间就不能充分展开竞争,提高经济效益。在农村金融机构多元化的情况下,每个金融机构给出的贷款利率不同,农民就可以依据自己不同的需要选择合适的金融机构进行借贷活动。一般来说,利率一旦被政府控制,那么当地的金融资源分配必然不平衡,农民和农村中小企业的信贷需求也将得不到满足。应该以市场的需求为基础,逐渐放松对利率的限制,扩大利率的浮动范围,改变农村金融资源分配的畸形状况,以促进资金要素的合理配置。

五、金融可持续发展原则

长期以来,人们关注的重点是农村金融发展对农村经济发展的支持,也就是农村出现借贷困难的问题是通过外部的金融供给来解决。然而,过度地、不计成本地强调这种支持的作用,寄希望于以牺牲金融的发展来换取经济快速发展,必然导致金融发展的停滞,从而严重制约经济的发展,并最终陷入金融和经济都落后的恶性循环。因此,期望农村经济的可持续发展,最重要的是让农村金融重新注重动员和资金配置的基本功能,发挥金融资本追逐利润的本能,使用市场手段改善农村金融体系配置资金的效率,促进农村的经济发展,从而促进农村经济和金融持续健康的发展。

按照以上原则,未来我国的金融体系构建目标是建立一个多种金融机构构成的、高效的农村金融体系。

第三节 农村金融供给主体分析

一、农业发展银行

农业发展银行为中国农村地区唯一的政策性金融机构,在落实国家宏观调控和产业政策、促进农业和农村经济发展等方面发挥了重要的作用。随着国家产业和区域政策的改变、宏观调控的需要,农业发展银行的业务范围也在不断调整。2009 年以来,农业发展银行陆续开办了一些新的涉农贷款业务,形成了多方位、宽领域的支农格局(见表 3-2)。2014 年制定实施了"两轮驱动"的业务发展战略:以粮油收储、加工、流通为重点的全产业链信贷业务,以支持新农村建设和水利建设为重点的农业农村基础设施建设中长期信贷业务,支农力度逐年加大。

表 3-2 农业发展银行业务范围变化情况

时间	业务范围	业务变化
2009 年	粮棉油收购资金封闭管理,国有粮食购销企业与加工企业联营、粮食合同收购贷款,种用大豆收购贷款,农、林、牧、副、渔业范围内的产业化龙头企业贷款,化肥和地方糖、肉储备贷款,农村基础设施建设贷款,农业综合开发贷款,农业生产资料贷款和农业小企业贷款,县域存款,县域城镇建设贷款业务等	2009 年新增县域存款、县域城镇建设贷款业务
2010 年	粮棉油收购资金封闭管理,国有粮食购销企业与加工企业联营、粮食合同收购贷款,种用大豆收购贷款,农、林、牧、副、渔业范围内的产业化龙头企业贷款,化肥和地方糖、肉储备贷款,农村基础设施建设贷款,农业综合开发贷款,农业生产资料贷款和农业小企业贷款,县域存款,县域城镇建设贷款,咨询顾问和新农村建设贷款业务等	2010 年新增咨询顾问和新农村建设贷款业务

时间	业务范围	业务变化
2011—2012 年	粮棉油收购资金封闭管理,国有粮食购销企业与加工企业联营、粮食合同收购贷款,种用大豆收购贷款,农、林、牧、副、渔业范围内的产业化龙头企业贷款,化肥和地方糖、肉储备贷款,农村基础设施建设贷款,农业综合开发贷款,农业生产资料贷款和农业小企业贷款,县域存款,县域城镇建设贷款,咨询顾问、投资、资产证券化和新农村建设贷款业务等	2011 年新增投资业务,并将投资业务定位为农业政策性的投资业务
2014 年	粮棉油收购资金封闭管理,国有粮食购销企业与加工企业联营、粮食合同收购贷款,种用大豆收购贷款,农、林、牧、副、渔业范围内的产业化龙头企业贷款,化肥和地方糖、肉储备贷款,农村基础设施建设贷款,农业综合开发贷款,农业生产资料贷款和农业小企业贷款,县域存款,县域城镇建设贷款,咨询顾问、投资、资产证券化和新农村建设贷款业务等	重点支持粮棉油收储和农业农村基础设施建设

资料来源:农业发展银行总行研究室的相关研究成果

但是农业发展银行的改革之路仍然需要继续向前。公司的治理问题、政策性和商业性业务混合的问题仍然没有得到解决,管理部门为了银行机构的发展和工作人员的需求,一味地扩大贷款的范围。2013 年,形成了以支持国家粮棉购销储业务为主体、支持农业产业化经营和农业农村基础设施建设为两翼的业务发展格局,初步建立现代银行框架,经营业绩实现重大跨越,有效发挥了在农村金融中的骨干和支柱作用。

截至 2015 年底,农业发展银行全行共有各类机构 2187 个,其中,省(自治区、直辖市)级 31 个,地(市)级 309 个,县级 1677 个。2017 年,响应国家创新创业的"双创"驱动战略,制订了《关于做好支持农村大众创业万众创新工作的意见》,大力支持"双创"园区等创新体系、创客服务平台建设等;积极支持返乡下乡人员及农民培训基地建设等;积极支持返乡下乡人员开拓新产业与新业态;积极支持新型农业经营主体、涉农企业创新创业。如今,在新的历史发展阶段,中国农业发展银行将一如既往地支持国家重大发展战略,以支持农业产业化经营、农业农村基础设施建设和生态农业建设为重点,努力培育"建设新农村的银行"的品牌形象,做支持新农村建设的银行。

二、农业银行

农业银行最开始是以为农村提供金融服务为目标,并且在很长一段时间内一直代理行使管理农村信用合作社的职责,垄断整个农村金融市场。1998 年,国有商业银行开始进行股份制改革,农业银行也从这时逐渐走出农村,1998—2001 年,全国的农业银行从原有的 6000 家网点下降到 4400 家网点。但截至 2016 年末,农业银行在全国的网点达 23677 家。

2016 年 12 月,农业银行学习中央经济工作会议精神,研究贯彻落实相关措施。一致认为,要围绕稳增长、促改革、调结构、惠民生、防风险,抓好抓实抓细各项重点领域和关键环节的经营管理工作,确保业绩持续增长。加快推进组织架构、"三农"金融事业部制改革等重点领域的改革落实,尽快构建起有利于提质增效、激发活力的体制机制。

2017 年,中国农业银行召开"三农"金融服务暨金融扶贫工作会议,深入中央经济工作会议、中央农村工作会议、全国扶贫开发工作会议精神,分析研判当前形势,安排部署 2017 年"三农"金融服务、金融扶贫、深化"三农"金融事业部改革等重点工作。

会议明确了今后一个时期农业银行"三农"金融服务和金融扶贫工作的基本思路是:牢牢把握一个总体要求,就是要做到服务到位、风险可控、商业可持续;始终坚持两个不动摇,就是要始终坚持高举服务"三农"、做强县域旗帜不动摇,始终坚持商业化服务"三农"不动摇;要在做好农村普惠金融服务的基础上,顺应"三农"发展趋势要求,突出做好"大'三农'""新'三农'""特色'三农'"金融服务;着力强化四个支撑,就是要切实强化差异化的政策与产品支撑、"四位一体"渠道支撑、科技支撑和专业人才队伍支撑;努力实现五大目标,就是要实现服务"三农"能力稳步增强,县支行市场竞争力不断提升。

特别突出做好"三农"六大领域金融服务。具体包括做好农业农村基础设施建设金融服务、做好优势特色农业发展金融服务、做好新型城镇化建设金融服务、做好农村集体产权制度改革金融服务、做好县域新经济新业态新项目金融服务、做好农村普惠金融服务。围绕这一发展战略,农业银行提出了四点具体举措:第一,紧扣国家推进农村信息化建设部署,落实与农业部的战略合作协议,做好农村信息进村入户金融服务;第二,发挥互联网金融不受时空限制优势,大力发展数字普惠金融服务,延伸农村服务网络毛细血管,提升农村基础金融服务水平;第三,围绕中央推进农村电商发展决策部署,做好农村电商金融服务,为工业品下乡、农产品进城搭建线上金融服务渠道;第四,发挥互联网金融服务成本低、数据信息全的优势,创新开展基于互联网金融的"三农"融资业务,有效降低"三农"服务成本和风险,在助推"三农"业务经营转型的同时,努力在破解农村融资难、融资贵问题上走出一条新路子。推动建立"三农"金融服务三大协同机制。建立银政合作协同支农机制、同业合作协同支农机制、集团联动协同支农机制。

三、农村信用合作社

农村信用合作社一直是中国农村金融体系中最重要的组成部分。改革开放以来,农村信用合作社经过了许多次改革,特别是 1997 年的中央金融工作会议上,确定了"各国有商业银行收缩县(及以下)机构,发展中小金融机构支持地方经济发展"的基本策略后,农村信用合作社凭借其自身的优势,已逐渐成为为"三农"发展提供金融服务的最重要的金融机构。事实上,在许多县级以下的农村地区,农村信用合作社基本上已成为唯一的正规金融机构。可以说,中国的农村信用合作社不仅是一个特殊的金融机构,而且是一种特殊的制度安排。

农村信用合作社是由农民和农村的其他个人集资联合组成、以互助为主要宗旨的合作金融组织。主要资金来源于合作社成员缴纳的股金、留存的公积金和吸收的存款；贷款主要用于解决其成员的资金需求。由于农业生产者和小商品生产者对资金的需求存在季节性、零散、小数额、小规模的特点，使得小生产者和农民很难得到银行贷款的支持，但客观上生产和流通的发展又必须解决资本不足的困难，于是就出现了这种以缴纳股金和存款方式建立的互助、自助的信用组织。因此，农村信用合作社的主要任务是筹集农村闲散资金，为农业、农民和农村经济发展提供金融服务，同时，组织和调节农村基金，支持农业生产和农村综合发展，支持各种形式的合作经济和社员家庭经济。

2011年，银监会提出用五年时间将农村合作金融机构总体改制为产权关系明晰、股权结构合理、公司治理完善的股份制金融企业，鼓励符合条件的农村信用合作社改制组建为农村商业银行，这表明了今后农村信用合作社的发展方向是股份制。这一时期，农村信用合作社改革取得重要成果，可持续发展能力增强，支农服务能力大大提升。从机构网点来看，截至2015年末，主要涉农金融机构营业网点总数为81397个，其中农村信用合作社网点数为42201个，占比为51.85%，排名第一；农村商业银行网点总数为32776个，占比为40.27%，排名第二；农村合作银行、村镇银行的网点数分别为3269个、3088个，占总网点数的比重分别为4.02%、3.79%。随着农村信用合作社全面改制成农村商业银行，农村商业银行未来在涉农金融机构营业网点中的数量将上升为第一位。

一直以来，农村信用合作社都凭借自身网点多、人员多的优势占据着农村金融的大部分市场，为广大农民提供了高质量的金融服务工作。近年来，随着国家政府对"三农"问题重视程度的不断提高，农村信用合作社也逐步成为服务"三农"的主力军，比如加大支农力度、增强服务效能、拓宽支农领域等，都是为了更好地服务"三农"而拓展的业务。因此，农村信用合作社在农村金融市场中的地位得到了进一步提升，社会影响力逐步扩大，支农服务的主力作用也得到了日益显现。在农村信用合作社发展中，最主要的金融服务内容是存贷款业务,虽然为了更好地满足不断发展的农村经济,农村信用合作社新增了许多新的金融业务,但是存贷款业务仍然是金融服务的主体。近年来,我国农村信用合作社通过广泛吸收农民的闲散资金来大力开展组织资金工作,各项存款都得到了快速增长。与此同时,农村信用合作社不断加大贷款投放和办理多种贷款业务,比如助学贷款、联保贷款、扶贫贷款和农户小农贷款,取得了良好的经济效益和社会效益,促进了农民增收,带动了农村经济的发展。

四、农村商业银行

2004 年 8 月 13 日,江苏吴江农村商业银行成立,这是深化农村信用合作社改革试点启动后成立的第一家农村商业银行,也是全国第一家农村商业银行。2011 年起,农村商业银行每年新增数量均在 120 家以上,截至 2011 底,我国农村商业银行已经增加到 212 家,较上年新增 127 家,进入快速发展阶段。2012 年,农村信用合作社的改制继续进行,各地加快对农村商业银行的组建。到 2016 年 10 月,全国农村信用合作社资格股占比已降到 30% 以下,已组建农村商业银行约 303 家、农村合作银行约 210 家,农村银行机构资产总额占全国农村合作金融机构的 41.4%。另外,还有 1424 家农村信用合作社已经达到或基本达到农村商业银行组建条件。

农村商业银行的业务范围十分广泛,一般是向农村、城镇人口提供各种金融服务,品种较为简单,涉及储蓄、贷款、转账、担保等,如农户小额信用贷款等存贷款业务。主营业务范围包括:吸收公众存款;发放本外币短期、中期和长期贷款;办理国内外结算;办理票据承兑与贴现;代理发行、代理兑付、承销政府债券;买卖政府债券、金融债券;从事本外币同业拆借;外汇汇款;买卖、代理买卖外汇;提供信用证服务及担保;从事银行借记卡业务;代理收付款项及代理保险业务;提供保险箱服务;外汇资信调查、咨询和见证业务;经国务院银行业监督管理机构批准的其他业务。

农村商业银行长期以来立足农村金融市场,在农村金融市场中有着不可替代的作用。农村商业银行带有鲜明的机构地方性、分布社区性色彩，与所在地域的联系比其他金融机构更多、更广，可谓当地土生土长的"草根银行"。农村商业银行活动于基层（乡村），密切联系群众，具有本土化优势。农村商业银行的主要资金来源于周边社区，却很少像大银行那样将当地吸收的资金转移用于外地，而是凭借着对当地市场的了解，将主要信贷对象锁定在社区内的中小企业和个人，鼓励农民和中小型企业参股农村商业银行，成为农村商业银行的社员。这样既能迅速消除国有银行对基层资金的虹吸效应，又能有效遏制资金从欠发达社区大规模流向发达社区，因此在经营区域内比大银行更能获得当地居民的支持。凭借独特的人文关系，借助社区快速融资，带动周围社区社员共同致富。

农村商业银行相比国有银行，具有较强的风险识别能力，但是，大多数农村商业银行管理层次少，管理规模小，不具备国有银行的规模优势，同行业竞争优势不明显。大部分农村商业银行虽然在省内实现免费通存通兑，但与跨省资金流通和国有大型商业银行相比，方便程度有着不小的差距，全国统一的资金清算中心发展的速度较慢，对国内资金流动要求较高的对公存款没有吸引力。大多数农村商业银行的网点都有 5 人以上，在农村商业银行的农业人员中，本科以上学历人员占比小，人才资源匮乏。邮政储蓄银行的成立，对于农村商业银行是一种冲击，邮政储蓄银行的快速发展势必会缩减农村商业银行的融资渠道，减少农村商业银行的融资数量。

五、邮政储蓄银行

中国邮政储蓄银行于 2007 年 3 月 20 日正式挂牌成立，是在改革邮政储蓄管理体制的基础上组建的商业银行，是银监会正式批准、中国邮政集团以全资方式出资 200 亿元组建而成的。

追根溯源，早在 1986 年 1 月 27 日，中华人民共和国邮电部、中国人民银行联合发出《关于开办邮政储蓄业务联合通知》，以支持国家经济建设为由，在 12 个城市的邮政网点开始办理个人活期、定期储蓄业务，主要是办理储蓄业务,1995 年邮政储蓄的储蓄余额突破 1000 亿元,2003 年邮政储蓄在中国人民银行的存款已经超过 8000 亿元。而邮政储蓄并不是银行,因此无法开办任何信贷业务,导致农村地区出现"吸血"现象,即沉淀在邮政储蓄的农村资金越来越多。2004 年 6 月,邮政储蓄业务由单纯的吸收存款迈向全面的资产、负债、中间业务,同年储蓄余额突破 1 万亿元大关,市场占有率为 8.86%。但这种模式并不能起到支持农村经济发展的作用,因此,改革势在必行。2005 年 7 月 20 日,国务院通过《邮政体制改革方案》,提出改革邮政系统主业和邮政储蓄管理体制,加快成立邮政储蓄银行,实现金融业务规范化经营。

中国邮政储蓄银行成立后的经营理念是:充分依托和发挥邮政的网络优势,完善城乡金融服务功能,坚持服务"三农"、服务中小企业、服务城乡居民的大型零售商业银行定位,发挥邮政网络优势,强化内部控制,合规稳健经营,为广大城乡居民及企业提供优质金融服务,实现股东价值最大化,支持国民经济发展和社会进步。

因此,中国邮政储蓄银行较理想和现实的选择是采取两步走的战略,即近期定位侧重政策性、远期定位突出商业化。近期应通过制定单行法规的形式,从法律上将邮政储蓄银行定位为自主经营、自负盈亏、自我发展、自我约束的全国性股份制准商业银行,即介于政策性银行与商业银行之间,以提供公益性服务为基础,兼顾营利性经营目标。

经过从 2007 年到 2016 年的一系列改革,邮政储蓄银行将农业资金大量抽离的情况有所改善,但其发展仍然不畅。一方面,公司自身的发展问题。内部治理结构不完善,产权关系亟待理顺,尽管已经完成股份制改造,也建立起了"三会一层",但其政企不分的官僚体系尚未得到较大改观,比如邮政储蓄银行董事长同时兼任中国邮政集团总经理;在业务层面上,与国内综合性金融服务集团相比,邮政储蓄银行在市场定位、人员业务能力、发展战略、竞争力等方面相形见绌;在营利能力上,资产规模与营利能力不匹配。2013 年的数据显示,邮政储蓄银行资产规模居第六位,邮政储蓄银行实现营业收入 1447.1 亿元,利润总额 350.9 亿元,净利润 296.7 亿元。而同年,工商银行、农业银行、中国银行、建设银行、交通银行净利润分别为 2626.49 亿元、1663.15 亿元、1569.11 亿元、2146.67 亿元、622.95 亿元。主要原因在于资产业务失衡,2013 年末,邮政储蓄银行 5.57 万亿元的资产规模中,有六成是同业拆借的资金拆出方,而企业贷款 4411.47 亿元,个人贷款 7331.78 亿元,专项融资 3182.80 亿元。另一方面,也是中国商业银行面临的共同冲击:互联网金融业务快速发展,面对各种网络借款、理财产品等的蓬勃发展,传统商业银行业务锐减,作为农村商业网点最多的邮政储蓄银行,线上业务对线下业务冲击巨大,做到线下服务与线上业务深度融合或许是破解之路。

六、新型农村金融机构

从 2003 年开始进行金融机构改革之后,中国的农村金融市场正在一步步向外界开放。由于农村金融市场的多样性特征,在改革的进程中逐渐允许各类金融机构进入农村金融市场,促成了许多新型农村金融机构的成立,改变了过去农村金融市场中农村信用合作社一家独大的境况,逐渐形成了一种各类金融机构共同存在的农村金融机构体系。

(一)村镇银行、贷款公司

村镇银行是基于银监会提出的开放农村金融市场和消除"零金融机构乡镇"而设立的。自银监会 2006 年逐渐放宽农村地区银行业金融机构准入政策以来,截至 2014 年底,全国已经组建村镇银行 1233 家,其中批准开业 1152 家。2015 年,我国已经组建村镇银行 1311 家。根据银监会最新统计数据,截至 2016 年 5 月底,我国村镇银行总数达到了 1356 家。统计显示:2007 年我国村镇银行资产总额为 7.3 亿元,随着村镇银行数量的快速增长,2014 年我国村镇银行资产总额达到 7973 亿元,2015 年村镇银行资产总额为 10015 亿元。截至 2014 年底,我国村镇银行贷款余额为 4862 亿元,较上年同期增长 1234 亿元,较上年同期为 5808 亿元,存款余额增加 1176 亿元。2015 年底,我国村镇银行贷款余额为 5880 亿元,存款余额为 7480 亿元。从存贷比(贷款/存款)情况来看(见表3-3),2015年行业整体存贷比为78.6%,超过监管部门规定的75%的上限,这说明大多数村镇银行的存贷比已经超过监管部门规定的上限。全国250多家银行业金融机构共发起设立939家新型农村金融机构,其中村镇银行876家,贷款公司14家。新型农村金融机构累计吸引各类资本571亿元,存款余额为3066亿元,各项贷款余额为2347亿元,其中小企业贷款余额为1121亿元,农民贷款余额为860亿元,两者合计占各项贷款余额的84.4%。

表3-3　2012—2015年我国村镇银行存贷款余额走势

时间	贷款余额/亿元	存款余额/亿元	存贷比/%
2012年	2330	3055	76.3%
2013年	3628	4632	78.3%
2014年	4862	5808	83.7%
2015年	5880	7480	78.6%

在村镇银行的制度设计中,《村镇银行管理暂行规定》第25条明确规定,村镇银行的最大股东或者唯一股东必须是银行业金融机构,且该银行的持股比例不低于村镇银行股本总额的20%,除主发起银行外,其他单个投资主体及其关联方持股比例最高为10%。此项制度被称为"主发起银行制度",这就决定了村镇银行的内部治理难以避免内部人控制制度。同时,村镇银行也面临如下困境,如社会认知度较低,资金来源单一。村镇银行属于新兴金融业态,成立时间短,社会认知度较低,同时由于机构网点少,导致村镇银行资金组织相对困难,资金压力较大;信息科技建设滞后,影响业务拓展;支农再贷款条件严格,作用难以发挥;受服务对象及自身规模制约,风险控制较难。村镇银行近九成贷款投向了农户和小微农村企业,而农业生产具有经营分散、受自然灾害影响大的特点,加之一些农民信用意识淡薄,贷款面临较大的风险;创新业务品种少,收入渠道单一。目前,村镇银行的业务以传统的存贷款业务为主,成本低、风险小、利润高的中间业务鲜有涉及,

同时村镇银行的产品缺乏特色,与传统金融机构的产品基本同质化。创新能力弱、业务品种少导致了村镇银行营业收入几乎百分之百来自利差收入。如图3-2所示,村镇银行的数量增速减缓。村镇银行的发展也不平衡,如图3-3所示,山东、河南、江苏、浙江数量较多,主要存在于农业大省,农民对微型金融需求迫切,其次是经济发达省份,金融体系较为发达和完善。

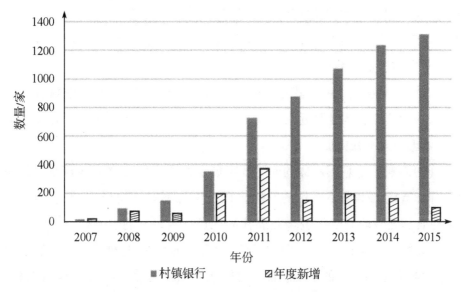

图3-2 2007—2015年我国村镇银行数量走势

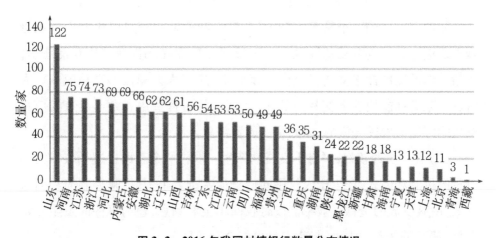

图3-3 2016年我国村镇银行数量分布情况

（二）农村资金互助社

农村资金互助社是指经过中国银监会批准，由乡镇级或行政村级的农民和农村小企业自愿入股组成，为社员提供存款、贷款、结算等金融业务的社区互助性银行业金融机构。农村资金互助社实行社员民主管理，以服务社员为宗旨，同时作为独立的企业法人，对由社员股金、积累及合法取得的其他资产所形成的法人财产依法享有占有、使用、收益和处分的权利，并以上述财产对债务承担责任。银监会制定了《农村资金互助社管理暂行规定》，对农村资金互助社做了详细规定。

农村资金互助社由于其独特的运行机制和扎根农村社区、农村社区的特点，一度被认为是最贴近农民需求的金融组织。其在农村生存和发展的优势体现在以下几方面。

（1）解决了信息不对称的问题。市场上买方和卖方之间各自掌握的信息不同，造成了信息不对称的问题。凡是信息不对称的交易，都会存在不公，包含道德风险。农村资金互助社的社员主要由本村农民组成。天然的血缘、地缘和人缘有效减少了信息不对称现象的存在，是维系中国传统小农社会人与人之间信任的重要纽带。村民之间比较熟悉，相互之间信息对称，资金互助社几乎可以零成本地充分掌握着贷款人的真实信息。

（2）降低了交易成本。交易成本是影响交易进行的主要因素。广大农民分散的、个性化的、小额零售的金融需求，与商业银行集中化的机构和管理不适应。农村资金互助社这种组织形式是建立在成员间的相互信任、合作精神以及互助社丰富的信息资源基础上，这就大大降低了交易成本。农村资金互助社能使外部交易内部化，其低廉的管理费用和微不足道的信息费用刚好适应农民分散的、多元化的融资需求。

（3）资产质量较好，鲜有不良贷款产生。农村资金互助社遵循农村民间借贷的机制和模式，产生于农村民间借贷的基础之上，其风险控制简约而且有效，由其发放的贷款一般都能按时收回本金和利息，违约事件的发生非常罕见，甚至是贷款人去世，贷款本息也能全部收回。

总体上看,中国农村资金互助社的发展呈现以下几个显著特征。

(1)社员规模及覆盖面不断扩大。2016 年,互助社共吸收社员超过1000 万户,吸收股金 1000 亿万元以上。截至 2016 年底,自 2007 年吉林梨树县百信农村资金互助社成立以来,农村资金互助社的覆盖面已经从最初试点的四川、青海、甘肃、内蒙古、湖北、吉林,扩大到了全国 26 个省份的农村地区。

(2)社员文化素质低。资金互助社从业人员中的主力是农村有影响力和号召力的农村基层干部,不管他们在资金互助社中担任何种职务,都是主要的管理者和决策人。但是由于中国的农民,特别是中西部地区的农民文化水平普遍较低,这些人员的素质与《农村资金互助社管理暂行规定》的要求相比有较大的差距。

农村资金互助社社员总体来说文化程度偏低,大部分是高中文化程度,有的甚至是小学文化程度。虽然资金互助社规模比较小,应对市场比较灵活,但是有风险发生的可能性。资金互助社是社员自己而不是外部聘请的专业人员进行管理,而农民受教育的程度普遍不高,他们了解的金融知识不多,更不是懂金融会管理的专业人才,导致其应对风险的能力较弱。这都极大地制约了农村资金互助社的发展。

(3)注册资本规模小。《农村资金互助社管理暂行规定》对农村资金互助社注册资本的要求为:在乡(镇)设立的,注册资本不低于 30 万元人民币;在行政村设立的,注册资本不低于 10 万元人民币。

(三)小额贷款公司

2005 年 12 月开始,在人民银行等部门的支持下,山西、四川、贵州、陕西和内蒙古五个试点省和自治区的地方政府或者当地人民银行分支机构的带动下,设立了 7 家小额贷款公司,如"日升隆""晋源泰""全力"等,开始了中国商业化、市场化的小额信贷市场发展。2008 年 5 月,中国银监会和中国人民银行联合发布的《关于小额贷款公司试点的指导意见》(以下简称 23 号文件),将小额贷款公司试点推向全国。小额贷款公司的信贷资金来源主要是股东投入的资金,它既不是银行业机构,也不是一般的工商企业,因为它在经营过程中不允许吸收存款,但是被准予可以进行发放贷款的业务。按照金融管理部门的解释,小额贷款公司具有如下特征:小额贷款公司向民营资本开放;小额贷款公司坚持"只贷不存";监管权责下放至省级地方政府。从2008年5月开始,小额贷款公司发展异常迅猛。截至2016年底,全国共有小额贷款公司8673家,从业人员10.89万人。近五成小贷公司分布在江苏、辽宁、河北、安徽、吉林、广东、内蒙古和四川,其占比分别是7.25%、6.45%、5.19%、5.13%、5.07%、5.07%、4.61%、3.93%。实收资本8233.9亿元;贷款余额9272.8亿元。全国31个省(自治区、直辖市)都已设立了小额贷款公司。小额贷款公司在引导民间资本支持方面发挥了积极作用。

与村镇银行相比,小额贷款公司的法人治理结构虽有所改善,但小额贷款公司试点中也存在许多制约其可持续发展的现实问题,具体表现在如下方面。

1. 小额贷款公司试点监管体制的问题较大

(1)中央对小额贷款公司的试点监管较为忽视,地方政府对其监管的力度也不大。中央对各地的试点操作没有进行很明确的指导,使得实施过程中,没有完全遵照23号文件的规定行事,试点的情况很难真实准确地反馈给中央相关部门。地方政府在监管过程中,比较重视一开始各种资质的审核,对其经营过程的监管力度低,而且实施监管时,分配给多方监管,不能综合各方信息,致使监管的形式浮于表面,对违法违规的活动没有进行严厉打击。

(2)监管任务不明确。中国没有发布专门的法案来监管非金融机构的发放贷款业务,对小额贷款公司只贷不存的情况应该依照哪种政策来监管尚不明确。

(3)地方政府履行小额贷款公司监管职能存在法律上的障碍。地方政府依据23号文件对小额贷款公司的准入实施行政许可,对小额贷款公司的违规违法行为进行行政处罚,不符合《行政许可法》和《行政处罚法》规定。

2. 资金来源渠道太过狭窄

狭窄的资金来源渠道限制了其经营规模的扩大,发展能力得不到提升。虽然部分小额贷款公司以增加资本扩充股金和向其他金融机构拆借的方式补充部分营运资金,但所占比例很低且需要严格的限制条件。

3. 小额贷款公司的营利能力不高

之所以会出现这种情况,有下面两方面的原因。

(1)和其他金融机构相比较,小额贷款公司的劣势比较明显,如业务范围狭窄,金融产品单一,服务的对象也是无法从其他金融机构获得贷款的客户。

(2)小额贷款公司经营成本比较高。小额贷款公司在税收上是被当作一般工商企业对待的。小额贷款公司的营利方式单一,营业额也比较小,较高的税收给其带来了比较重的负担,对公司的可持续发展产生了较大的阻碍。

4. 小额贷款公司面临的经营管理风险较大

(1)其主要服务对象——农业具备弱质性,中小企业抵押担保品不足,经营管理不确定。

(2)小额贷款公司的规模较小,资金实力较弱,使其存在较大的流动性风险隐患。

(3)大部分小额贷款公司法人治理结构十分不健全、内控机制不完善、风险识别可防控技术比较落后,加之从业人员的整体素质偏低,使其经营管理风险比较大。

5. 国家对小额贷款公司的支持力度不足

小额贷款公司虽然经营的是金融方面的业务,但是其法律地位始终没有得到监管机构的认可,其经营范围、获取信贷资金的源头以及比例都被严格地限制在一定的范围内,还享受不到其他农村金融机构能够享受的税收上的优惠。

第四节　农村金融需求主体分析

当前,我国农村金融市场的需求主体主要是农民和农村企业两大类,他们在选择金融机构、挑选金融产品时有自身独特的考量。下面将分别具体分析农民和农村企业两类金融需求主体的特征和需求,并从中观察当前我国农村金融需求的主要特征,分析对其产生影响的各项因素。

一、农民金融需求分析

（一）农民的类型及特征

目前,我国的农民人口数量庞大。2016 年,中国大陆总人口 13 亿 8271 万人;从城乡结构看,城镇常住人口 8 亿 2345 万人,占比为 57.35%,乡村常住人口 5 亿 8973 万人,占比为 42.65%。按照不同的分类标准,农民对金融的需求差异较大。因为不同层次的农民对农村金融贷款的理解和接受程度是不同的,对农村金融的需求也是不相同的,因此本研究按照富裕程度对农民进行划分。依据富裕程度不同,农民可以划分为贫困农民、普通型农民及市场型农民三类。这三类农民的主要特征如下。

1. 贫困农民

贫困农民主要依靠出售自种的农副产品来获取收入,总体收入水平较低,基本没有储蓄存款,其信贷需求主要用于满足基本的生活需求,还款能力较差。一般来说,贫困农民不满足贷款主体应具备的条件,向其发放贷款的金融机构需承担很大的风险,从正规金融机构获得贷款的概率不高。因此,贫困农民的主要信贷资金获取渠道是政策性金融的优惠贷款资金、民间非正规金融的小额贷款以及扶贫贷款资金等。

2. 普通型农民

普通型农民的收入来源相对丰富一些,同时还拥有一部分的存款,且基本上解决了温饱问题。其信贷需求主要用于投资性需求,包括应付季节性的生产资料购置或者临时性的周转需要、修建房屋、购买农机具等,还款能力比较好。这类主体从正规金融机构中获得资金的问题都不大。

3. 市场型农民

市场型农民具有以市场为导向的专业化生产技能,收入水平一般较高,其信贷需求主要为投资性需求,包括农机具购买及土地改良等。一般来说,农村金融机构更偏向于将资金借贷给这一类农民,因为他们一般都有较为完善的市场及风险意识,同时还具备创业精神,给金融机构带来的效益也更大。

(二)农民金融需求满足现状及特征分析

1. 存款需求基本得到满足,农村信用合作社或农村商业银行为其主要存款机构

改革开放以来,随着经济的发展,我国农民的收入水平有了明显的提升,产生了大量的闲散资金。许多农民形成了将资金存放在金融机构的需求。在综合考虑了存款机构的安全性、距离远近、交通便利程度、存款利息、存款机构的可靠性等情况后,大多数农民都选择了农村信用合作社,因为其在农村有相当长的时间基础,而且网点覆盖了相当多的地区。但是在 2008 年金融危机后,在很多地区,农民逐渐开始选择农村信用合作社以外的农业银行、邮政储蓄银行等国有金融机构及民间金融组织来存储资金。

2. 贷款需求缺口较大,政策性融资成为主要融资渠道

我国农民的资金需求主要用于生活和生产两个方面,其中生活性贷款主要用于满足建房、婚嫁和治病等生活需求,而生产性贷款主要用于农业及非农业的生产活动。相较于存款服务,目前我国农民的贷款需求面临着巨大的缺口。根据社科院财经战略研究院发布的《中国"三农"互联网金融发展报告(2016)》:2014 年中国农业增加值为 53882 亿元。全国农户贷款余额

为 5.4 万亿元,但是贷款投入需求大约为 8.45 万亿元,"三农"金融的缺口约为 3.05 万亿元。由于抵押贷款困难,如今"政策性"金融成为农民主要的融资渠道,能够有效解决"融资难、融资贵、融资慢"等问题。如表 3-4 所示,除了全国性的农村"三权"融资以外,各地根据实际情况,推出的政策性融资实施效果良好。

表 3-4　农村主要政策性融资渠道及要求

政策性融资	融资模式	内容和效果
河南"政融保"扶贫融资	干部推荐+融资支农+保险保障	在峡卢氏、周口沈丘等地达成"政融保"产业扶贫项目 12 个,累计发放支农融资资金 525 万元,带动 900 多名贫困人口有效脱贫
河北"农保贷"	县级政府(政)、金融机构(银)和省农业信贷担保有限责任公司(担)的"政银担"合力支农服务机制	20 万～200 万元。贷款期限为 1～3 年,贷款利率最高不超过同期基准利率上浮 30% 的水平
山西"五位一体"精准扶贫小额信贷	直接支持模式:银行向符合条件的贫困户发放贷款;间接带动模式:银行向贫困户发放贷款,贫困户通过与企业、新型农业经营主体等签订帮扶协议	5 万元以下、期限三年以内、免抵押、免担保、基准利率发放、财政补贴利息和投保费用
安徽"劝耕贷"	"成长优先、信用为王"的新路径,以诚信为衡量信贷担保准入的主要标准,并设计了信用上升通道	单户贷款额度最高 100 万元,龙头企业最高融资额度 5000 万元,利率最高上浮 20%
陕西杨凌"订单+金融""银保富"	农村资产确权为基础+农业保险(放心保)创新为配套+设立风险补偿金为保障+建立农村产权交易中心为后盾	扩宽抵押物范畴:土地经营权、农村住宅房、农业设施、苗木、活体动物、农业企业股权、商标专利知识产权、应收账款等全部有形或无形资产,进一步扩大了农村抵押担保物范畴
"新型农业经营主体+众筹"模式	尝鲜众筹、大家种、有机有利、耕地宝	产业可视化、资本集约化、精准识别消费群,效果良好

政策性融资	融资模式	内容和效果
农业产业链金融	依托产业链信息来获取用户的相关资料和信息,根据数据测算结果,予以贷款发放	如阿里巴巴和京东等电子商务平台
"农村'三权'+"模式	"+"主要集中在基金担保、风险池、村委及乡镇政府承诺、风险补偿基金等	浙江、江苏、山东等地效果良好,如浙江林权抵押的"丽水模式"、农地抵押的"海盐模式"

二、农村中小企业金融需求分析

农村中小企业是社会主义新农村建设的主体之一,是乡村发展振兴的主力军。探索中小企业融资特征,解决其融资约束是促进农村经济发展活力的重要路径。

(一)农村中小企业分类及特征

我国农村企业主体主要包括当地的中小微型企业和具有一定规模的龙头企业两大类,其中前者占绝大多数。中小微企业几乎存在于各个产业,其划分指标主要是从业人员、营业收入和资产总额三项。比如,在农、林、牧、渔业中,中小微型企业是指营业收入20000万元以下的企业,其中,营业收入500万元及以上的为中型企业,营业收入50万元及以上的为小型企业,营业收入50万元以下的为微型企业。在租赁和商务服务业,中小微型企业是指从业人员300人以下或资产总额120000万元以下的企业,其中,从业人员100人及以上且资产总额8000万元及以上的为中型企业,从业人员10人及以上且资产总额100万元及以上的为小型企业,从业人员10人以下或资产总额100万元以下的为微型企业。

现阶段,农村企业的金融需求主要包括存款、结算及资金融入三大类,其中贷款仍然是最主要的金融需求。

1. 中小微型企业

农村企业的主体是中小企业,尤其是农村小企业。这些企业具有资源依赖性的特点,即它们的生产经营主要围绕着当地资源的种类开展,包括资源性产品的生产、加工和流通等。它们的生产主要面向市场,具有较强的竞争性,由于企业规模小,市场信息不对称等,中小企业的生产经营面临较大的风险。中小企业融资难,企业自有资金不多,导致这些企业的发展规模受到很大限制,当地资源不能有效地利用。总体来看,农村小企业的经营特性主要表现在产品不成熟;企业的管理和财务制度不规范;生产经营围绕农民的生活和农业的生产开展,受季节性影响比较大,缺乏风险防范机制,没有核心技术;融资条件不成熟等。农村小企业的经营特点决定了它们难以从商业性金融机构得到资金支持,资金来源主要靠内源融资和资金借贷,因而融资渠道较为狭窄。

2. 龙头企业

龙头企业是一些规模化经营的农业产业化企业、现代农业企业、农村物流企业等,这些企业的典型模式是"龙头企业+基地+农户",以其特殊的产业连带效应和对农民增收的特殊影响力,被公认为我国农业产业化发展的主体模式。一般来讲,农业产业化龙头企业在农村具有比较明显的优势,它的产品特色非常明显,市场竞争力也比较强,资金实力较为雄厚,管理水平也较高,营利能力非常好。这类企业生产扩张愿望强烈,用于扩大生产规模和设备更新的资金需求量大,并且是较为健全的承贷主体,贷款风险较小,所以这些企业对各银行金融机构吸引力都非常大。政策性银行、国有大型商业银行、农村合作金融机构以及其他股份制银行,都非常愿意来支持农村龙头企业。

(二)农村中小企业金融需求满足现状及特征分析

随着"三农"问题的破解和普惠制金融的实施,农村中小微企业发展迅速,金融服务需求呈现新的特征。

1. 需要灵活的金融服务

中小企业一般需要在适当的时候、适当的场合提供适当的金融服务和支持。就中小企业融资而言,中小企业一般没有稳定的市场,一旦发现商机即向银行申请贷款,且需要银行在规定时间内办妥。对于农村从事农业的中小微企业而言,其市场变化具有显著的季节性,而且市场竞争也愈来愈激烈,因此这就要求其贷款手续简便、速度快,能够满足其经营灵活的需要。

2. 需要个性化和多样化的金融产品

由于中小企业数量众多,分布广泛,企业在经营方向、企业性质、规模与运营模式等方面都存在较大差异,不能将中小企业的金融需求认为是大企业的简化版。中小企业需要个性化的解决方案。在融资策划、资信评级、金融保险等诸多方面都需要个性化、精准化的服务。如在乡村旅游发展中,土地资源、旅游资源与资本资金的对接就存在很多方式,可以采用信贷融资的模式获得也可以采用消费者众筹的方式获得,也可以通过发展农业共享经济,获取稳定的资金来源。

3. 多数从非正规金融渠道获得

由于中小企业不具备足够的抵押或担保资产,或者有大宗贸易订单作为融资,又缺乏足够的社会关系为其担保,同时企业经营风险也比较大,所以难以从正规金融机构获得融资。从理论而言,非正规金融渠道主要既内生于现有的金融制度安排,又内生于民营经济的快速发展。张扬(2012)的研究也表明,农村中小企业对非正规融资渠道具有强烈的依赖性。

4. 短期融资难度降低,产期权益融资严重缺乏

由于国家的大力支持和当地政府的努力,中小企业短期经营性融资、流动资金融资能够得到有效缓解,但金融体系只是对中小企业开放了短期信贷业务,长期信贷业务和权益性资本供给仍然不足。特别是对于具有一定科技创新的农村中小企业,如育种研发类企业、具有互联网平台性质的企业,最为缺乏的是长期融资和股权投资,但这类性质的融资需求仍然存在诸多困难。

三、影响中国农村金融需求的主要因素

农村金融是现代农村经济的核心,如何解决农村金融供给需求不平衡

的问题至关重要,因此,必须探索影响农村金融发展的影响因素。总体而言,不论是融资用途的差异,还是融资主体的类型不同,农村金融的需求意愿强烈,供给不足明显。本研究主要从主体自身与外在环境两个方面分析。

(一)融资主体的影响因素

1. 农村金融需求主体行为特征

在讨论外部因素之前,农村金融需求主体的个人行为特征也是影响其需求的主要因素之一。针对农民的经济行为,目前理论界主要有三种代表假说,包括中国小农"无产化"定义及其不同阶段、理性小农及道义小农。以波普金(Popkin,1979)为代表的"理性小农"派认为,农民和其他企业家相同,都符合"理性人"假定,利润最大化是其最终追求。而"道义小农"派则认为农民所看重的最重要的原则是"安全第一",他们宁可选择规避可能会面临的经济灾难,也不愿意去追求收益的最大化。传统农民的贷款需求高于以个体经营、公职及外出务工为收入来源的农民群体,这主要是因为,农民的农业收入一般流动性较差,而当农民的非农收入增加时,其总资产中的流动性增强,这就降低了相应主体在农村金融市场中的借贷需求。总体来说,目前我国农民的经济行为依然体现出典型的"道义小农"特征,内源融资仍为我国农民的第一融资选择。

2. 农村金融主体的还款能力

根据金融需求的定义,金融需求还包括合理用途及还款意愿两个要素。而有效的金融需求就要求借贷者必须拥有足够的还款能力。对于任何一个自然人来说,还款能力主要包括以下两个来源。第一,稳定、充足的现金流;第二,抵押、质押、担保等。以上述分析得知,由于我国农民的"道义小农"行为特征,致使其资金的借贷以"安全第一"为首要原则,因此如果在没有足够的现金收入及抵押品来源的情况下,我国农村需求主体便不愿"冒险"进行借贷,从而严重抑制了我国农村金融需求主体的金融需求。而目前,我国农村金融需求主体也确实存在还款能力低下的问题。

从第一还款来源分析,我国农民的现金收入来源不足,总体收入水平较低。如表3-5所示,2015年我国农村居民的现金净收入为3185.7元。众所周知,农业经营面临的市场及自然风险较大,这也在一定程度上加大了我国农民居民的收入风险。总体来说,我国农民缺乏足够的现金来源,甚至在较为贫困地区"入不敷出"现象普遍存在,第一还款来源严重不足。

表3-5　2015年我国农村居民收入情况统计

单位:元

项目	数额
农村居民总收入	11421.7
工资性收入	4600.3
家庭经营性收入	4503.6
财产性及转移性收入	2317.8
总支出	9222.6
净收入	2199.1
现金收入	10577.8
工资性收入	4583.9
家庭经营性收入	3861.3
现金支出	7392.1
现金净收入	3185.7

资料来源:《中国农村统计年鉴》

同时,我国农民的第二还款来源仍然缺失。一般来说,农民家庭资产包括土地、住房等固定资产,存粮及圈养的牲畜等实物资产,股票债券、应收账款等金融资产等。但目前来说,我国农民所拥有的固定资产数量不多,即使拥有,但这一部分资产的变现能力却十分有限。农民仅仅拥有土地的经营权而没有所有权,所以土地抵押在我国的发展并不完善。汽车、拖拉机等农机具因数量较少、变现能力弱而无法成为有效的抵押物品。股票、债券、存款等金融资产目前在农民手中几乎是不存在的。综上所述,我国农民家庭普遍呈现出收入尤其是现金收入低、固定资产数量少且变现能力弱的特点，第一及第二还款来源均不足。

（二）外部金融环境因素

1. 利率水平及信贷获取成本

目前，我国农村金融供给主体包括农村信用合作社、商业银行、新型农村金融机构及民间金融等多种形式，而贷款的利率水平及信贷获取成本成为影响我国农村金融需求主体选择贷款渠道的主要因素。

已有研究表明，利率水平、手续简便性及贷款的其他可选择方式是目前农民选择贷款方式主要考虑的三个因素（孙旭，2015）。同时，调查结果还显示不同收入水平的农民在贷款方式的选择上考虑的主要因素表现出较大的差异。其中，低收入农民首要考虑的因素是没有可替代的贷款方式，其次是利率水平及所需要的抵押担保条件；中等收入水平的农民考虑的首要因素为利率水平，其次为可替代的贷款方式及手续简便与否；对于高等收入的农民来说，利率水平及手续简便与否是同等重要的两个因素。

另外，在已有的调查结果中，东西部的贷款需求状况也显现出较为不寻常的状态。一般来说，区域经济发展水平越高的地区，融资需求应该越高。但实际的研究结果却显示，相较于西部地区，东部地区农民的贷款需求较小，主要是由于相较于信贷成本较高、手续较为繁复的正规融资渠道，农民更倾向于选择亲友借贷、自我融资等。而农民之间互助性借贷对我国正规金融机构的信贷需求存在的替代效果研究的结果表明，民间互助借贷更多地在我国东部及中部地区省份展开，这也部分说明目前我国正规金融体系的发展并没有有效地跟进农村经济的发展，包括对抵押、担保等方面的严苛要求以及较为繁复的手续流程都很大程度上加大了贷款的交易成本，进而削弱了我国农民的贷款需求。

2. 城镇化发展水平

推进新型城镇化进程是我国社会发展的一个重要战略，进城务工、定居是今后推进城镇化的一个重要路径。农村人口的持续转移，必然会减少农村地区金融需求主体的数量,且转移人口多是青壮年劳动力,留守乡村的主要是老人、妇女和儿童,这类群体的需求主要集中在公共服务上,而公共服务主要由当地政府或村民委员会提供,所以融资需求较低。《2016年农民工监测调查报告》显示,2016年农民工总量达到28171万人,比上年增加424万人,增长1.5%。外出务工人员的平均年龄有所提升,2016年农民工平均年龄为39岁,比上年提高0.4岁。从年龄结构看,40岁以下农民工所占比重为53.9%,青壮年劳动力的生产转移到城镇,其相应的金融需求也发生了转移。再从社会融入看,农民工购买商品房的占比为16.5%,比上年提高0.8个百分点。

3. 产业发展水平

金融已经从产业发展的服务支持转变为经济发展中的重要生产要素。在农业产业供给侧改革的过程中,农村产业逐步升级,从农业的适度规模经营到三产融合,农业产业链纵向延伸,产业形式多样。以休闲农业为例,2018年,《关于开展休闲农业和乡村旅游升级行动的通知》重点支持以休闲农业为重点的农村旅游升级,这是农村生产生活生态"三位一体"同步改善的重要路径,是农村三产深度融合的新产业。在这一新业态发展过程中,资金需求量大,主要体现在服务设施改进上。再以在互联网基础上发展起来的淘宝村为例,《中国淘宝村发展报告(2014—2018)》显示,截至2018年底,中国淘宝村数量达到3202个,交易数额巨大,以广东军埔村为例,2017年军埔村已有350多户、2000多人投入到网上销售活动,开设淘宝网店5000多家、实体网店400多家,交易额达35亿元,直接或间接带动周边就业人员超过10万人。金融流动速度快、大量的网络交易促进了农村互联网金融的发展。十九大报告中提出乡村振兴战略,产业兴旺作为乡村振兴的首要基础,必然需要金融要素的高效配置。资本的逐利本质必然去追逐这一价值洼地,这会促进农村金融体系创新,缓解农村金融供需失衡的现状,但也会提升新型农业经营主体的金融服务需求数量和品质。未来农村新型经营主体、农业企业将成为农村金融需求的主要力量,政策性金融、商业性金融、民间金融、产业金融等多种形式的金融服务集成会成为农村金融发展的主要方向。在区块链、大数据挖掘、物联网的技术支持下,农村金融需求与供给都将得到整体提升。

（三）国家的政策支持

对比城市,农村金融发展仍不充分、不均衡,农村金融的推动需要国家的大力支持。1998 年,国家开始新农村建设;2004 年起,国家每年都将"一号文件"锁定"三农"领域,并且有专门的篇幅描述如何为农村发展提供金融服务,具体见表 3-6。政策的大力支持,为农村金融的创新注入了强劲的动力。

表 3-6　2004—2019 年中央"一号文件"对农村金融发展的支持

年份	对农村金融发展的描述
2004	明确县域内各金融机构为"三农"服务的义务
2005	制定县域内各金融机构承担支持"三农"义务的政策措施,明确金融机构在县及县以下机构、网点新增存款用于支持当地农业和农村经济发展的比例
2006	着眼兴县富民,着力培育产业支撑,发展民营经济,引导企业和要素积聚,改善金融服务,增强县级管理能力,发展壮大县域经济
2007	继续发展小城镇和县域经济,充分发挥辐射周边农村的功能,带动现代农业发展,促进基础设施和公共服务向农村延伸
2008	通过非农就业增收,提高乡镇企业、家庭工业和乡村旅游发展水平,增强县域经济发展活力,改善农民工进城就业和返乡创业环境,加快建立商业性金融、合作性金融、政策性金融相结合,资本充足、功能健全、服务完善、运行安全的农村金融体系
2009	加大对农业的支持保护力度,稳定发展农业生产,强化现代农业物质支撑和服务体系,稳定完善农村基本经营制度,推进城乡经济社会发展一体化
2010	健全强农惠农政策体系,提高现代农业装备水平,加快改善农村民生,协调推进城乡改革,加强农村基础组织建设
2011	加快水利重点领域和关键环节改革攻坚,破解制约水利发展的体制机制障碍,努力走出一条中国特色水利现代化道路

续 表

年份	对农村金融发展的描述
2012	聚焦农业科技,持续加大财政用于"三农"的支出,改善农业科技创新条件,着力抓好种业科技创新,加快农业机械化
2013	建立重要农产品供给保障机制,健全农业支持保护制度,创新农业生产经营体制,构建农业社会化服务新机制,改革农村集体产权制度,改进农村公共服务机制,完善乡村治理机制等
2014	进一步解放思想,稳中求进,改革创新,坚决破除体制机制弊端,坚持农业基础地位不动摇,加快推进农业现代化
2015	围绕建设现代农业,加快转变农业发展方式;围绕促进农民增收,加大惠农政策力度;围绕城乡发展一体化,深入推进新农村建设;围绕增添农村发展活力,全面深化农村改革;围绕做好"三农"工作,加强农村法制建设
2016	加大创新驱动力度,推进农业供给侧改革;加快转变农业发展方式,提高农业质量效益;加强资源保护和生态修复,推动绿色农业发展;推动城乡协调发展,新型城镇化与新农村建设双轮驱动
2017	支持符合条件的涉农企业上市融资、发行债券、兼并重组
2018	加快构建多层次、广覆盖、可持续的农村金融体系,发展农村普惠金融;鼓励大中型商业银行加强对"三农"的金融支持,提升服务"三农"能力;积极引导互联网金融、产业资本开展农村金融服务
2019	鼓励银行业金融机构加大对乡村振兴和脱贫攻坚中长期信贷支持力度

第四章

我国农村经济发展的金融支持

第一节 农村经济发展中金融支持现状

一、农村金融总量

金融总量是一个国家或地区在一定条件下金融发展所能容纳的金融资产的数量,包括货币资金量、金融机构总的存贷规模、投资总量以及居民的储蓄能力。它既反映一个国家或地区金融发展的总体水平,又与一个国家或地区的经济发展程度密切相关。我国农村金融总量如表4-1所示。

表4-1 我国农村金融总量情况

单位:亿元

年份	农村存款	农村贷款	农村金融机构的存差	农村居民储蓄存款
1995	7391.80	5795.00	1596.80	6195.60
1996	9034.60	7119.10	1915.50	7670.60
1997	10665.20	8350.40	2314.80	9132.20
1998	12189.00	10024.20	2164.80	10441.00
1999	13343.60	10953.70	2389.90	11217.30
2000	14998.20	10949.80	4048.40	12355.30
2001	16904.70	12124.50	4780.20	13821.40
2002	19170.04	13696.90	5473.14	15405.80

续 表

年份	农村存款	农村贷款	农村金融机构的存差	农村居民储蓄存款
2003	23076.01	16073.00	7003.01	18177.68
2004	26292.49	17912.30	8380.19	20766.17
2005	30810.15	19431.70	11378.45	24606.73
2006	36219.14	19430.20	16788.94	28805.12
2007	42333.71	22542.95	19790.76	33050.26
2008	51953.20	25083.09	26870.11	41878.69
2009	63845.93	30651.80	33194.13	49277.61
2010	76324.01	32689.10	43634.91	59080.36

资料来源:历年的《中国统计年鉴》和《中国金融年鉴》
注:农村金融机构的存差=农村存款-农村贷款,其中,农村存款=农户储蓄存款+农业存款,农村贷款=农业贷款+乡镇企业贷款。此表忽略了农户个人贷款

农村金融机构的资金主要来自各类存款,存款资金被视为农村经济的产出价值衡量物。自20世纪90年代开始,农村地区的存款余额有大幅度的提升,特别是进入21世纪后,年存款余额增长率超过了13%。农村金融机构的资金主要用于发放贷款,贷款被视为农村经济的投入价值衡量标准。从表4-1中可以发现,在农村地区的贷款总量逐渐增加的同时,存款也增长迅速。农村金融机构的存差逐年递减,且在2004年以后快速增加,而农村贷款增速低于存款增速。初步判断,农村金融相关比率大体上呈稳定上升的趋势,这种趋势与国民经济整体的金融化趋势是相吻合的。这主要是由于农村经济基本平稳增长、农村金融体制改革不断深化、农村收入增加。

进入2010年以后,农村贷款数量和速度同步增加。根据图4-1计算,截至2016年底,涉农贷款余额为282335.67亿元,年均增长率为15.85%;农村贷款余额为230091.83亿元,年均增长率为15.43%。这主要由于农村创业活跃度较高,产业发展需要大量资金支持,同时,新型农业经营主体的融资自觉意识浓厚,金融约束下降。

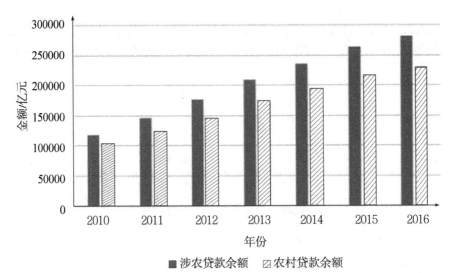

图 4-1 2010—2016 年我国农村涉农贷款与农村贷款

二、农村金融组织

我国农村正规金融机构主要分为四种类型,包括国有商业银行中的农业银行和其他国有商业银行,政策性银行中的农业发展银行,农村合作金融机构中的农村信用合作社、农村商业银行、农村合作银行,邮政储蓄机构。这些机构的分布规律是:农业银行主要分布在大中型城市、县(市)和一些乡镇地区;农业发展银行主要分布在省、地级市和一些粮食主产区的县(市);邮政储蓄机构分布在全国每个地区;农村合作金融机构几乎都在县级市和以下地区。最近几年,我国农村金融机构的网点数量基本上在逐年减少,减少特别多、特别快的主要是商业性金融机构。截至 2016 年底,全国共有农业金融机构 8 万多家,其中农村信用合作社 4000 多个。

如图 4-2 所示,农村商业银行数量稳定增加。截至 2014 年底,全国农村商业银行有 665 家。根据人民银行网站数据,截至 2016 年末,农村地区银行网点数量为 12.67 万个。每万人拥有的银行网点数量为 1.39 个,县均银行网点 57.75 个,乡均银行网点 3.98 个,村均银行网点 0.23 个。所以,城乡对比,差距仍然很大,农村商业银行的覆盖率仍然有待提高。农村地区接入人民银行大小额支付系统的银行网点 8.41 万个,代理银行网点 3.43 万个,合计 11.84 万个,覆盖比率为 93.46%,比较稳固。根据银监会统计数据,截至 2015 年底,我国共有 4261 家银行业金融机构,其中,农村信用合作社 1373 家,村镇银行 1311 家,农村商业银行 859 家,城市商业银行 133 家,股份制商业银行 12 家,民营银行 5 家。

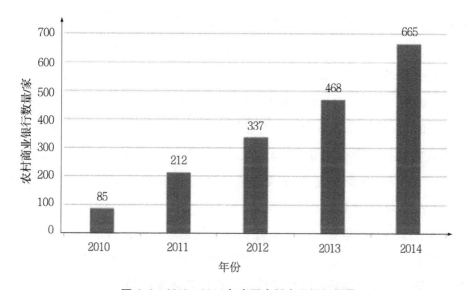

图 4-2 2010—2014 年中国农村商业银行数量

　　农村信用合作社在我国基本分布在农村地区,主要为农民提供存款、贷款服务,在农村金融市场上占重要的地位。由于基层工作稳定扎实,农村信用合作社在不断创新,并提升自身业务能力,以促进农村经济发展。

　　农村商业银行作为农村金融改革的产物,凭借其灵活的管理体制、高效的业务流程、规范的公司治理等优势,扎根农村市场,开拓经营,成为农村金融市场的领跑者。统计数据显示,截至 2014 年末,从选取的部分企业的存款规模来看,北京农村商业银行以 4220.54 亿元居首,其次是重庆农村商业银行的 4097.20 亿元,这两家农村商业银行也是选取企业中存款规模超过 4000 亿元的农村商业银行。存款规模在 3000 亿~4000 亿元的农村商业银行有上海农村商业银行、成都农村商业银行和广州农村商业银行。

农业银行最初成立的目的是为农业服务,但随着商业化经营目标的转变,也将资金投放方向从以农业为主转为以工商业为主,竞争的视角从农村转向城市,且其在农村金融市场中的地位不断弱化。在"三农"政策方针的指导下,中国农业银行面向市场的金融惠农产品不断丰富创新,根据农村金融市场的实际发展水平,提供匹配度更高的金融服务。农业银行重点扶持各地农业产业化龙头企业。截至 2015 年底,农业产业化龙头企业涉农贷款余额达到 1683 亿元,国家级农业产业化龙头企业覆盖率高达 82%,省级龙头企业覆盖率达 61%。2010—2015 年,农业银行涉农贷款显著上升,从 2010 年上市时的 1.48 万亿元增长了 1 万亿~2.58 万亿元,占当年发放贷款和垫款总额的 28.9%,与 2008 年相比有显著提升。2015 年,农业银行在全国 832 个扶贫重点县贷款余额达 5836.4 亿元,比年初增长 565.3 亿元,增幅为 10.72%。其中,在集中连片特困地区贷款余额 4899.5 亿元,比年初增加 497.7 亿元,增幅为 11.31%。

农业发展银行是唯一一家支持农业发展的政策性银行,对农村金融市场机制不足起到了很好的补充作用,对金融体系的功能进行了健全优化,对农村经济的发展起到较大的推进作用。最近几年发放的支持农业发展的贷款总额一直维持在一个相对稳定的范围内。一方面,农业发展银行支持粮煤油等农产品的生产加工产业链的构建,农业产业链的拓展空间较大,尤其是农业供给侧结构性改革政策实施以来,农业产业升级成为国家的重要发展战略,对资金的需求量大,这就带动了对金融的强烈需求;另一方面,支持农业农村基础设施建设,银行的大部分业务与农业和农村有关,完善基础设施建设是提升农村公共服务的基础,而农村基础设施建设具有公共产品的性质,应该由政府提供。为提升资金的使用效率,通过金融机构发放政策性资金能够较好地协同农村基础设施建设与资金使用效率的问题。从数据看,2004—2012 年,农业发展银行累计投放粮棉油收储贷款约 3.5 万亿元,收购粮食 1.34 万亿千克,棉花 5.7 亿担(1 担=50 千克)。到 2016 年,农业发展银行政策指令性贷款余额过万亿元,配合政府政策实施,有力维护了棉粮油的市场稳定。2011 年,农业发展银行以水利工程和新农村建设为重点,支持农业农村基础设施建设,累计投放贷款 3176 亿元,其中水利建设贷款 359 亿元,新农村建设贷款 2077 亿元。到 2017 年,农业农村基础设施建设贷款余额由 2012 年 8775 亿元增长到 20315 亿元,年均涨幅接近 20%。有着丰富经验的农业发展银行在统筹城乡一体化方面有着得天独厚的优势,集中信贷资源实现政府目标,更好地带动农村经济的发展。

中国邮政储蓄银行于 2007 年 3 月 20 日正式挂牌成立,是在改革邮政储蓄管理体制的基础上组建的商业银行。自开展商业性金融业务以来,各项业务均得到快速发展,特别是国有商业银行收缩在农村领域的业务网点,为全国遍布城乡的邮政网点提供了巨大的吸储空间和强大的金融支持。2016 年 9 月,邮政储蓄银行成立了"三农"金融事业部,在内蒙古、吉林、安徽、河南、广东等 5 家试点分行启动改革试点,并逐步在全国范围内推广。截至 2016 年末,邮政储蓄银行已经拥有近 4 万个网点,覆盖 98.9% 的县域地区,涉农贷款余额 9174 亿元,在全行贷款余额中占比达 30.5%。

三、农村金融政策

改革开放以来,中央相当关注农村金融改革的进程,并在改革过程中形成了有关农村金融改革的战略框架和整体布局。有关农村金融重大政策的演变参见表 4-2。

表 4-2 改革开放以来农村金融重大政策的演变

阶段划分	时间跨度	主要目的	主要内容
第一阶段	1978—1995	恢复和成立新的金融机构,形成农村金融市场组织的多元化和竞争状态	1979 年恢复中国农业银行,农业银行成为支持农村经济发展的国家专业银行
			1984 年恢复和加强农村信用合作社"三性"管理,充分发挥民间借贷的作用
			1994 年成立中国农业发展银行,试图通过该银行的建立将政策性金融业务从中国农业银行和农村信用合作社业务中剥离出来

阶段划分	时间跨度	主要目的	主要内容
第二阶段	1996—2004	以农村信用合作社改革为中心,建立和完善以合作金融为基础,商业性金融和政策性金融分工协作的农村金融体系	1996年分离农村信用合作社与中国农业银行隶属关系,将农村信用合作社改为合作性金融组织
			2002年首次提出农村信用合作社改革的重点是明确产权关系和管理责任,强化内部管理和自我约束机制,进一步增强为"三农"服务的功能
			2003年启动以产权制度和管理体制为核心的农村信用合作社改革工作,提出农村信用合作社8省份试点改革方案
第三阶段	2005年至今	以金融机构创新为主要手段,逐步实现构建"广覆盖、多层次、多元化"金融体系的目标	2006年放宽农村金融机构准入政策,允许设立村镇银行、贷款公司和农村资金互助社三类新型农村银行金融机构
			2008年提出要培育小额信贷组织,通过财税、货币政策调整,引导各类金融机构到农村开展业务
			2010年鼓励民间资金投资设立服务以"三农"为目的的新型金融组织
			2011年对农村信用合作社、村镇银行、农村资金互助社、农村合作银行和农村商业银行的金融保险业收入减按3%的税率征收营业税的政策的执行期限延长至2015年12月31日。从此,农村金融开始多样化发展,在政策更加宽松和管理更加完善的体制下,农村金融步入了发展的新时期

四、我国农村金融发展现状分析

农村金融发展对农民收入增长起着至关重要的作用。姚耀军(2006)就对我国农村金融发展状况进行了系统的概况和分析,认为农村金融发展状况表现出农村货币化程度加深、金融机构财务状况不佳、农村信用合作社处于垄断地位、金融中介功能弱化等特征。我们主要从农村金融体系、农村金融发展规模、农村金融发展结构和农村金融发展效率四个方面来分析我国农村金融发展现状。

（一）我国农村金融体系

目前，我国农村金融体系包括正规金融机构（政策性、商业性、合作性金融机构）和非正规金融机构（农村合作基金会、个人借贷），如图 4-3 所示。在我国农村金融体系中，正规金融机构起着主导作用。其中，政策性金融机构主要是中国农业发展银行，商业性金融机构主要是中国农业银行，合作性金融机构主要是农村信用合作社。以 2014 年为例，这三家金融机构支农信贷资金总量占全国金融机构支农信贷资金总量的 93.7%。因此，本研究主要分析我国农村地区正规金融发展对农民创业、农民收入的影响机制。

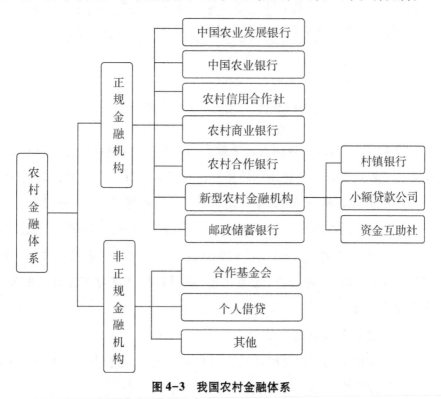

图 4-3　我国农村金融体系

（二）我国农村金融发展规模

我国农村贷款在农村储蓄转化为投资的环节中起着至关重要的作用，农村贷款等于农业贷款与乡镇企业贷款之和。农村金融发展规模指标采用"农村贷款/农村GDP"表达。我国农村金融发展规模情况如图4-4所示。

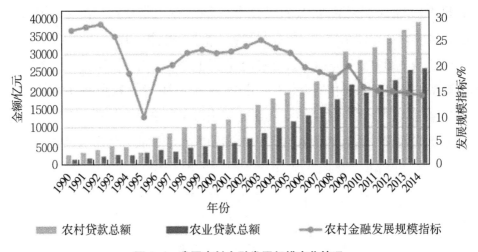

图4-4　我国农村金融发展规模变化情况

由图4-4可以看出，我国农村贷款余额整体呈递增趋势，但农村金融发展规模呈下降趋势。从金融发展规模指标看，1990—1995年，我国农村金融发展规模先缓慢递增，从1992年开始呈明显下降趋势，1996年达到谷底，之后开始迅速上升，在2003年基本恢复到1994年的水平，在2003年之后缓慢下降，农村金融机构的"抽水效应"较为显著。虽然农村贷款规模逐年扩大，但相对于农村GDP总量而言，还不足够，说明农村贷款对农村经济的发展支持还远远不够。

（三）我国农村金融发展结构

农村贷款结构的变化可以反映农村贷款的投向。这里采用乡镇企业贷款与农村贷款的变化情况反映农村金融发展结构的变化。

由图4-5可知，我国农村贷款余额中的乡镇企业贷款总体呈上升趋势，从1985年的353.4亿元增长到2014年的12657.4亿元。然而，我国农村乡镇企业贷款占农村总贷款的比例从1998年开始缓慢下降,到2007年逐渐稳定,从2007年到2014年一直保持在30%左右。可见,我国对农村乡镇中小企业的贷款支持相对不足,国家提出的农村金融普惠战略并未得到良好落实。

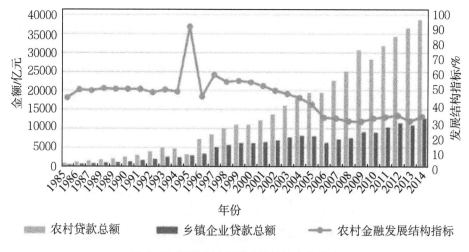

图4-5 我国农村金融发展结构变化情况

(四)我国农村金融发展效率

农村金融发展效率是指农村金融机构将农村储蓄转化为农村贷款的效率,因此,我们采用农村存款总额与金融机构对农业和乡镇企业的贷款总额之比来衡量我国农村金融发展效率。

由图4-6可知,我国农村存贷款率整体呈下降趋势,说明我国农村金融发展效率比较低,主要原因是我国农村的资金外流现象严重。我国社会经济发展至今有一个明显的特点,那就是大量的农民工进城务工,在地域上表现非常明显,特别是中西部劳动力前往东部地区务工,他们的收入通过金融机构回笼到了经济发达地区,这样农村地区的发展缺乏充足的资金供给,出现了恶性循环,难以找到解决的出口。

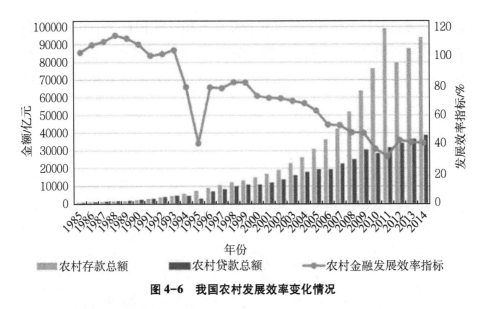

图 4-6 我国农村发展效率变化情况

第二节 农村经济发展中金融支持存在的问题

一、农村合作经济发展金融需求存在的问题

从金融需求方面来分析,我国农村合作经济的发展过程不规范,获得金融支持比较困难。

（一）农村合作经济金融业务发展受到限制

近年来,农民专业合作社发展迅速,根据国家工商总局统计,2017 年 7 月底,全国农民专业合作社数量有 193.3 万家,入社农户超过 1 亿户。农民专业合作社已成为重要的新型农业经营主体和现代农业建设的中坚力量,但也存在经营差距大、内部治理不规范的问题。由于组建农民专业合作社需要满足的条件很低,最近几年,农民专业合作社如雨后春笋般大量出现,规模变得越来越大,但绝大部分都没有建立规范的组织框架和一套明确合理的财务管理制度,这都是"上墙制度",平时很难落到实处,因为这是农民以相互间的短期利益为联系组建成的一个团体,无法提供专业的财务报表,长期发展的可能性较低,与金融机构要求的贷款条件不相符合,也提供不了合适的贷款担保。

《农民专业合作社法》规定:农民专业合作社申请贷款,必须有固定的生产经营服务场所,依法从事农民专业合作社章程规定的生产、经营、服务等活动;自有资金比例原则上不低于30%,贷款额度原则上不超过其净资产的70%;必须具有健全的组织机构和财务管理制度,能够按时向农村信用合作社报送有关材料,信用等级在A级以上,具有偿还贷款本息的能力,无不良贷款及欠息;对农民专业合作社的贷款期限原则上不超过1年,对农民专业合作社成员的贷款原则上不超过2年;农民专业合作社及其成员贷款实行优惠利率,农民专业合作社成员经营项目超出其所属农民展业合作社章程规定的经营范围的,不享受规定的优惠利率。

从实际情况来看,经常有一些农民专业合作社满足上述条件,能够依法从农村金融机构获取贷款,虽然表面上看是合法的,但实际上并不合法。一方面,因为组建农民专业合作社需要满足的条件很低,而农民专业合作社在获取贷款上相对比较容易,因此就有很多人通过组建农民专业合作社从金融机构获取贷款,但不用于农业生产,而是用在自己缺乏资金的其他产业上。目前,政府对农村经济大力扶持,支农贷款利率也较其他类贷款更为优惠,这部分差额诱使部分人通过组建农民专业合作社从金融机构获取贷款,用作私人借贷,赚取中间差价,这样的方式获得的利益是不合法的。另一方面,一部分农民专业合作社是由公司改制转变成的,目的是享受国家对农民专业合作社的扶持政策,以及用更低的利率获取贷款,去满足企业发展的需要,这种行为也是不合法的。然而,这些问题不容易解决。现实中,这些都没有明确的界限,要查清这些情况,需要花费大量的时间、人力,农村金融机构很难防止这类情况的发生。

同时,从对一部分农民专业合作社的实地调研情况来看,相当一部分农民专业合作社没有健全的组织机构和财务管理制度。组织机构虽然形式上由不同的人担任各个岗位,但实际操作时往往所有的岗位由几人甚至一人兼任,这就为管理和决策带来一定的风险和不稳定因素。从财务管理制度来看,因为农民专业合作社是农村合作经济的形式,成员都是农民,没有专门的财务人员,且从成本角度考虑,也不会雇佣专门的财务人员,只是在需要时临时聘请会计进行相关账目的编制工作,而且这一现象在农村合作经济中相当普遍。

另外,虽然有很多农民专业合作社制定了规章制度,设立了理事会、监事会及社员大会等,但是这些制度发挥作用的时间不长,这些部门缺乏管理经验,并不能够很好地运作合作社,经营过程中仍然存在着很多问题。农民专业合作社是由农民结合而成的,没有专门的领导人,每个社员在管理的过程中都有发言的权利,对于风险却并不愿意承担,相互之间没有较强的合作意识。形成这种现象有两方面的原因:一是合作社在成立之初就没有限制社员的具体权利;二是社员没有投入大量的资金到合作社中,没有足够的利益驱使社员发展合作社。而且很多农民专业合作社的内部管理比较混乱,在利益分配方面社员希望能够得到自己应得的数额,但由于制度不健全,管理层偏向满足自己的利益,并没有综合考虑社员的出资占比、社员与合作社之间的交易量,制定合理的股金分红和利润返还方式。

(二)农村合作经济金融需求差别大

金融需求就是消费者在一定时期内,在各种可能的价格下愿意而且能够购买的金融产品的数量。我国农村合作经济对金融需求的差别大,主要表现在以下三个方面:一是不同地区对金融需求的差别大。从地区上看,我国东部地区和西部地区的农村合作经济对金融需求量较大,而中部地区对农村金融的需求量则相对较小。从省份来看,我国传统人口大省的农村合作经济对金融需求量较大,而西部人口较少的省份相对来说对金融的需求量小。二是不同合作形式对金融需求的差别较大。一般而言,用于固定资产投资的合作社对资金需求大,如农机专业合作社、土地整治合作社。在合作社的不同发展阶段金融需求也不一样,一般符合倒 U 形曲线。合作社在成立初期资金需求大,当固定资产投资建设完毕,具备良好的经营管理能力,积累了一定的利润后,能够减少外部的金融需求,内部融资成为主要资金来源,能够降低金融需求。三是农村合作经济对金融需求量差别大。这是因为合作社的发展战略规范和经营内容差异较大。社会化服务类合作社,主要是提供技术支持和相关服务,需要的资金量较小。如果是种植养殖类合作社,在土地流转中又采用了租赁形式,土地租金的价格刚性和其他生产要素的投入会增加对金融的需求。相对而言,股份制合作社会减少相应的资金需求。根据农业部农经司的数据,2013—2015 年,合作社的当年贷款总额分别为 562703 万元、1060034 万元、1130260 万元,增长率超过了 80%,发展迅速。

以河南信阳市为例,信阳市各级政府以建设"河南农村改革发展综合试验区"为契机,认真贯彻落实省委、省政府关于加快农民专业合作社发展的总体要求,坚持"建一个合作社、兴一项产业、活一地经济、富一方农民"的发展目标,从政策支持、资金扶持、项目倾斜等方面入手加大对农村专业合作社的扶持力度。截至 2012 年 6 月底,信阳市登记注册的农民专业合作社达5135 家,居全省第一位,入社农户总数达到 53.27 万户,带动农户 68.93 万户,占农户总数的 42%。全市有县级农民专业合作社示范社 348 家、市级示范社 324 家、省级示范社 57 家、国家级示范社 3 家,为全省乃至全国农民专业合作社的组建和发展提供了经验参考。

信阳市农民专业合作社的蓬勃发展对促进当地农业生产和改善农民生活发挥了积极作用,主要表现为:一是增加了社员收入。据调查,2012 年社员人均年增收 2600 元,较 2011 年增长 21%,加入农民专业合作社的农户,其年收入普遍高于非成员农户 20%左右。二是推进了科技兴农。合作社带动农户使用统一的良种、生产技术和管理模式,完善农业社会化服务,推动现代农业的发展。三是打开了农产品销路。合作社不仅为成员提供生产技术服务,还开展商标注册,加强品牌的宣传、保护和推广,为农户与市场之间架起了金桥,解决小而全的农产品销不远、进不了大市场的问题。四是促进了农村土地流转。合作社广泛采取"合作组织+基地+农户"模式,鼓励农户存入土地或带着土地入股,促进了土地向合作组织的流转,如固始县已有 300 多个农民专业合作社实施土地规模流转,全县已流转土地面积 127.5 万亩,其中流转耕地面积 86.5 万亩,占全县耕地面积的 50%。五是提高了产业集约化水平。各县(区)分别围绕各自支柱产业成立不同类型的农民专业合作社,这些农民专业合作社采用"合作社+基地+农户"的发展模式,实施产供销一体化,实现了一家一户的分散生产与国内外大市场有效对接,促进了产业上规模、产品上品牌,推动了支柱产业的快速发展。

《农民专业合作社法》规定:"农民专业合作社是在农村家庭承包经营基础上,同类农产品的生产经营者或者同类农业生产经营服务的提供者、利用者,自愿联合、民主管理的互助性经济组织。"简而言之,农民专业合作社是按照"民办、民管、民受益"的原则组建起来的,其资金来源主要是内部集资,包括社员土地、林权、农机等实物入股,其次是银行业机构贷款,然后是地方政府扶持资金,此外,尚有少量民间借贷资金。总体上看,农民专业合作社仍然面临着自有资本不足、贷款较为困难的问题。一是内部融资占主导地位,农民专业合作社内部融资具有成本低、门槛低、风险可控性高且简便快捷的优点,在解决成员生产中急需资金等问题时较其他金融机构更能适应农民与合作社两者组合这种组织的特性。但资金的规模与持续增长有限,不能满足成员借款需求。

对信阳市 3122 家农民专业合作社的调查显示,截至 2012 年 6 月底,农民专业合作社融资总额 54589 万元,其中内部融资达 31130 万元,占比 57%,其形式一是以自有土地作价入股。如平桥区马氏生态茶叶合作社融资总额 2440 万元,其中社员以 12000 亩土地入股,折价 2080 万元,银行贷款 360 万元,内部融资占 85%。二是农村信用合作社贷款占比高。全市 10 个县(区)农民专业合作社中有 8 个县(区)在银行有贷款,贷款余额 22231 万元,且主要由农村信用合作社提供。如平桥区农民专业合作社及其成员的贷款有 62%从农村信用合作社获得,24%从农业银行获得,12.5%从农业发展银行获得,从邮政储蓄银行、小额贷款公司和资金互助社等机构获得的资金比例仅在 1% ~ 3%。大部分农民专业合作社规模小、实力弱,营利水平低,贷款到期偿付较难得到保障。根据农村信用合作社系统对专业合作社贷款质量的统计,截至 2012 年 6 月底,不良率为 7%。三是政府扶持资金投入多。全市 10 个县(区)中,有 9 个县(区)向农民专业合作社注入扶持资金,总额为 11337 万元,占全市农民专业合作社融资总额的 13.89%;同时,政府还出台多项税收减免政策和激励措施,仅 2011 年就累计为 3000 多家农民专业合作社减免税收 4772.9 多万元,支出表彰奖励资金近千万元。四是民间借贷有所抬头。在农民专业合作社融资难的制约下,多数社员选择民间借贷。据不完全统计,目前全市 10 个县(区)的农民专业合作社均存在民间借贷现象,借款总额大约 1.7 亿元,单个社员借贷规模在 3 万 ~ 10 万元不等,期限长则 1~2 个月,短则十几天,利率大多是固定的,年息以 2~3 分居多。

(三)农民合作经济缺少有效抵押担保物

基本上,农村合作经济组织都存在缺少合格的抵押物、贷款成功率低的情况。农村土地的所有权是国家或集体的,农民加入农村合作经济组织凭借的是土地的承包使用权,现在推行的《农村土地承包法》《土地管理法》及其他类似法规中没有写明准许农民将土地拿去抵押,农村的土地、房管部门也不办理抵押土地的手续。虽然在部分地区开展了试点,进行农村土地承包使用权的流通转让,但是进展还是不快,因为在法律上并没有明确推行此项措施,会发生与现行机制相冲突的地方,使流通转让的过程产生阻碍,而且得不到有法律效应的文件合同确认其权利的有效性,也会影响这项措施的顺利实施。缺乏有效的抵押物,仍然是影响农村合作经济组织贷款困难的主要因素。

例如,种植合作社经营的土地、养殖合作社养殖畜禽所建的圈舍以及合作社办公楼、场库棚等都属于农村集体土地及其地上建筑物。长期以来,国家法律规定这类土地不允许抵押,地上附着物也不能办理产权,难以办理抵押登记。农机合作社拥有或使用的大型农机具由于产权归属和处置权不明晰、跟踪监测难度大且成本高、使用期间贬值快等诸多问题,也很难办理抵押登记,并被金融机构视为无效抵押担保物。而随着农村合作经济的发展,一些其他物权(包括农机合作社代耕预期收益权抵押、股东财产抵押、仓单抵押、农机具抵押)能够作为有效抵押担保物的需求也越来越强烈。

二、农村经济发展金融供给主体存在的问题

随着我国农村经济的快速发展,涌现出越来越多的农村经济金融需求主体,农村经济发展组织的经济实力也越发强大,对金融的需求由基本的贷款需求扩展到投资、理财、保险等各个方面。面对农村地区多方面的金融需求,农村金融供给主体也应该扩展自己的业务范围,吸收不同类型的金融供给主体,如保险、证券、期货等进入农村金融市场。但我国在很长一段时期内都是以银行业作为主要的金融供给主体,使得农村地区的客户在金融需求产生时,一般都是选择从银行贷款的方式。所以,在面对农村经济发展的金融需求时,信用贷款得到了来自政府、宏观调控部门、金融监管部门和社会阶层的重点关注,在农村金融体系建设中,主要是针对银行类金融机构的改革,对于保险、证券、期货等非银行类金融机构并没有投入太多的注意力。从我国农村金融体系的整体框架上看,会发现我国农村金融体系的水平不高,仍然处于农村金融体系的基础阶段,只有摆脱以银行信用贷款服务为主的局面,才有可能进入金融体系的下一个阶段。

1996年8月,国务院发布了《关于农村金融体制改革的决定》,开始全面实施农村金融体制改革。此后,农村金融尤其是涉农金融机构实现了跨越式发展,初步形成了以农村信用合作社为主体、以农业发展银行为依托、以农村金融机构为纽带、以邮政储蓄银行和国有商业银行为补充的金融网络,确立了商业性金融、政策性金融和合作性金融群雄逐鹿的竞争格局。

1997年,农业银行与农村信用合作社的脱离工作基本完成,农业银行开始进入真正国有商业银行化的时期。《关于农村金融体制改革的决定》的出台,标志着中国农村信用合作社重新走上了独立发展之路。1997年,农业发展银行增设了地、县级基层机构。1998年以后,农业发展银行的业务不直接

涉及农业、农户,其主要任务是承担国家规定的政策性金融业务并代理财政性支农资金的拨付。1999年1月,国务院发布了取缔全国的农村合作基金会的文件。2007年8月,《关于进一步做好面向"三农"服务工作的决定》提出进一步深化农村金融体制改革,增加农村金融机构。2005年1月,《中共中央　国务院关于进一步加强农村工作提高农业综合生产能力若干政策的意见》要求继续深化农村信用合作社改革,增加各地区网点规模,为农业发展提供可用资金,满足农业生产、农户消费的需要。2006年12月,中国银监会发布《关于调整放宽农村地区银行业金融机构准入政策更好支持社会主义新农村建设的若干意见》,鼓励开办乡镇银行,鼓励其他商业银行在农村开设网点。为了更加适应农村经济的较快发展和对资金的需求,2007年3月20日,中国邮政储蓄银行成立,并可以全面办理商业银行业务。至此,农业银行、政策性银行、中国邮政储蓄银行和农村合作金融机构将联合起来,全面开展农村业务合作,进一步加大资金支农力度,提高农村金融服务的覆盖面和满意度。2008年10月公布的《中共中央关于推进农村改革发展若干重大问题的决定》中提到:允许农村小型金融组织从金融机构融入资金,允许有条件的农民专业合作社开展信用合作。2011年10月,财政部、国家税务总局联合下发《关于延长农村金融机构营业税政策执行期限的通知》,规定对农村信用合作社、村镇银行、农村资金互助社、农村合作银行和农村商业银行的金融保险业收入按3%的税率征收营业税政策的执行期限延长至2015年12月31日。

　　然而,在银行类金融机构体系之内,政策性金融、商业性金融、合作性金融、农村金融机构以及民间融资各类主体各自的功能没有得到充分发挥,市场定位模糊,相互之间缺乏沟通协作,未建立必要的合作互补机制。因此,尽管农村市场上具有融资功能的各类金融机构在形式上存在,但由于这些主体的发展程度不同,金融供给能力不同,农村经济发展主体的多层面融资需求仍然难以满足。

（一）政策性金融供给过少

中国农业发展银行是为农村经济发展提供政策性金融服务的一家政策

性银行,在筹集借贷资金时将其中一部分划分为农业政策性资金,主要是在客户有农业政策性金融业务需求时向其发放贷款,在某些农业相关的商业性金融业务得到批准后也可以发放贷款,还可以代拨财政性的支持农业发展的资金,供应农业和农村经济的发展。但是,在中国农业发展银行支持农村经济发展的过程中,扶持农业和农村经济发展的要求过高,其资金实力却没有达到理想的程度,想要完成扶持农业和农村经济发展的目标有相当大的难度。具体情况如下。

1. 对农村经济发展的贷款范围较小

农业发展银行业务范围进行过多次调整。1998年,为了保证粮棉油的收购工作,农业发展银行剥离了原来承办的农业综合开发、农村扶贫,以及粮棉油企业附营业务等贷款业务,专司粮棉油收购信贷业务。2004年以来,其经营范围逐步扩大,扶持对象囊括了各种所有制的粮棉油购销企业,增加了农业科技信贷、农业综合开发、农业生产资料贷款、农村基础设施建设等业务。但它目前仍然是以粮棉油的收购信贷为主要业务,仍未摆脱"粮食银行"的形象,对农村经济发展贷款所提供的信贷服务规模较小,与农村经济发展的农业产值、农产品商贸流通及加工总产值极不相称。

2. 政策性金融的资金来源不稳定

(1)政策性金融的资金没有稳定的保障。政策性金融的资金有多个供应渠道,如财政拨款、向中央银行借款、在市场上融资等。虽然供应渠道多元化,但由于我国还没有出台保障农业政策性金融来源的相关法律法规,政策性金融资金的来源依然不能被认为是很稳定的。

(2)行政干预下的融资方式难以持续。我国农业发展银行成立时由财政拨付资本金,此后主要是通过向中央银行借款和向商业性金融机构发行金融债券的方式筹集信贷资金。随着粮棉油流通领域的放开,农业发展银行向中国人民银行再贷款业务逐渐萎缩,债券融资成为信贷资金的主要来源渠道。由于金融债券是在人民银行向商业性金融机构下达派购计划的行政干预下实施的,并不是纯粹的市场化融资方式,因此,这种靠行政干预的

"所谓"市场化融资方式难以持续。

（3）资产负债业务期限设置不合适。由于农产品的生长周期有长有短，农村基础设施建设又不完备，所以农业政策性贷款大都要超过1年的时间才能满足周转的需要，然而目前已经发行的金融债券的期限不是过长就是过短，与农业生产周期不相符合。期限的错误设置，使农业发展银行对资产负债的管理变得更加困难，使资金的供给和需求的不平衡状况更加严峻。

3. 政策性金融运行效率低

发达国家政策性金融采取商业化运作模式，政策性金融的高效率与市场化的运作密不可分，反映出政策性金融的公共性、政策性、非营利性，与政策金融以市场化原则运行并不矛盾。我国农业政策性金融制度的缺陷，导致政策性金融运行中缺少控制成本、提高资金运行效率的市场化经营意识，经营管理能力较低，风险控制不到位，造成大量不良资产聚集，经营效益较差。政策性金融的低效运行势必会削弱对农村经济发展的有效支持。

（二）商业性金融积极性不高

国有商业性金融机构有一种要脱离农民、农村的趋势。一方面，商业银行的资金从农业性质转变为非农业性质。国有商业银行的基层网点吸纳了数目较大的农村储蓄资金，却不愿将资金投放到农业领域，而是更偏向于投放到其他领域、其他行业和经济状况较佳的城镇。这是因为向农村地区提供的金融服务一般风险比较大、成本比较高。国有商业银行无法提高对农村金融的热情，更希望能够扩大经营范围，提高收益，因此，对能达到该目的的行业环境与地区投放了更多的资金。这就导致投放到农业相关的贷款金额不多，缩减了农村可利用的生产资金，对农村经济合作组织的金融支持就会不足。另一方面，金融服务网点布局有脱离农村、远离农民的倾向。近年来，国有商业银行逐步撤并收缩县域及以下营业网点，并统一上收贷款权限，导致农村地区金融机构数量锐减，农村经济发展的贷款渠道明显减少。邮政储蓄银行"虹吸效应"严重。邮政储蓄银行是我国农村金融服务体系的重要组成部分,通过遍布农村的邮政储蓄网点,吸收了大量的农村存款,产生了严重的"虹吸效应"。实行新增资金自助运用政策后,"虹吸效应"有所减弱。2006年,邮政储蓄银行开办质押贷款业务;2007年,邮政储蓄银行正式推出小额贷款业务。质押贷款业务和小额贷款业务的推出,结束了长期以来"只存不贷"的局面,以批发资金的形式向国家农业重点项目提供资金支持,使农村资金通过邮政储蓄渠道的外流得到了一定程度的缓解,但回流效果仍不明显。

很长一段时期内,农村资金都在大量地向农村以外的地区流失,并且数额一年比一年多。县级以下(包括县级)的金融机构在贷款方面增加速度较慢,远远不及存款的增加速度。农村资金向外流失的现象在不同地区的轻重程度也是不同的,其中,中部地区的资金流失程度是最严重的。

(三)合作性金融承担的压力太大

包括农村商业银行、农村信用合作社在内的合作金融,作为农村经济发展的一种特殊形式,其本身既是农村经济发展组织的一种形式,又是目前我国农村最主要的信贷资金供给者。本节将从供给角度分析合作性金融对社员及其他农村经济发展的支持问题。

1. 合作属性弱化

我国农村信用合作社改革可分为两个阶段:第一阶段是以恢复合作金融性质为目标的改革;第二阶段是以信用社生存问题为目标的改革。第一阶段的改革最后并没有成功。2003年,开启了农村信用合作社的新一轮改革。这次改革的目的是解决农村信用合作社一直以来存在的问题,方向是将经营方式转变为市场化竞争模式,向所有社会大众吸收资本扩充股份,最终处理掉了不良资产,扩充了机构的信贷资本,营利的能力有所提升,将经营模式基本上转变为了自负盈亏的商业化模式。但是农业信用合作社在合作的属性上更显弱化,不再一心为社员提供服务,反而倾向于追求经营利润。

2. 政治属性弱化

以恢复合作金融性质为目标的农村信用合作社改革之前,政府部门对农村信用合作社的干预较多,农村信用合作社不得不承办部分农业政策性业务。政府部门对农村信用合作社高级管理人员的任命、改革方案及战略部署的制订都要进行干预,农村信用合作社实际上带有官办金融色彩。农村信用合作社处于外部政府干涉与内部人社员控制并存状态。改革后,农村信用合作社实现了股权结构多样化、投资主体多元化,商业化经营动机增强;在追求利润最大化的商业股和代表政治利益的资格股并存的股权结构中,占有较大比重权益的投资者将享有话语权和决策权;农村信用合作社的政治化属性趋于弱化,服务社员、支持"三农"经济发展等政治约束难以抵挡"追求利润"的商业化冲动。

3. 信贷资金不足,融资成本高

(1)农村信用合作社通过向大众吸纳存款,向中国人民银行申请支农再贷款获取资金,这些资金将被用于发放贷款。由于农村地区建设支付结算设施的速度缓慢,农村金融市场上的竞争相当激烈,国有商业银行、邮政储蓄银行等农村金融机构参与瓜分农村的存款市场,使得农村信用合作社在存款市场上所占比重持续降低,可以吸纳的社会资金变少,农村信用合作社向农村经济合作组织提供的贷款金额也就不多。

(2)农村信用合作社的融资成本较高,为保证其商业利润的取得,客观的约束了贷款利率的浮动区间。农村信用合作社的趋利化信贷供给与农村经济发展的信贷需求承受能力不匹配,更加削弱了农村信用合作社对农村经济发展的支持力度。上述问题的存在制约着农村信用合作社的持续健康发展,农村信用合作社难以胜任支农主力军的重任。

4. 金融机构服务能力有限

2004年我国农村金融改革以来,村镇银行、小额贷款公司、农民资金互助社等一批金融机构为农村金融领域注入了新的活力。但农村金融机构在快速发展的过程也暴露出一些问题。

(1)存款来源有限。一方面,从社外吸纳的存款数额不多。以农民资金互助社为例,由于互助社是一个新成立的农村金融机构,没有完全向社会大众展示出自己的经营能力,社会大众也不了解农民资金互助社的法律手续是否完整,因此没有太多人愿意将资金存入互助社中,吸收到的资金就不多。另一方面,从社员中吸收的存款也不多。社员加入合作组织,大都是为了能更加容易获得贷款,持有的资金必定有限,能够存入互助社的存款也就不多。

(2)向商业银行贷款困难。为解决农村资金互助社融资难的问题,银监会出台《农村资金互助社管理暂行规定》,明确资金互助社可以向其他金融机构融资事宜,但由于缺少可以指导其具体操作执行的程序化文件,资金互助社在向商业银行融资的过程中,往往无法可依、无章可循,在实际操作过程中,有关手续难以落实到位,抵押放款环节难以开展,融资难的现状严重制约了农村金融机构的业务发展。

(3)市场准入受到众多限制。农村金融机构和业务在进入农村金融市场时受到诸多限制。政府严格审核机构设立、变更、终止的手续,程序非常繁杂,工作效率不高;此外,现行的监管体制严格限制某些金融机构的业务范围,从而限制了农村金融机构的发展速度。

此外,盲目求大的商业化运营动机诱发农村金融机构的违规行为,也给农村金融市场带来了风险隐患。新兴农村金融机构自身的健康可持续发展问题尚未解决,其对我国农村经济发展的信贷供给能力必然有限。

(四)民间金融的社会风险较大

民间金融有各种不同的表现形式,比如金融合会、各种基金会和各种协会等。改革开放以后,商品经济的发展提高了人民的生活水平,为了维持生活质量,人们进行了各种劳动,衍生出大量的融资需求。由于农村地区正规金融机构无法满足这些需求,人们将目光投向了非正规的民间金融机构,尤其是在长三角、珠三角等经济比较发达的地区,有更强烈的金融需求,民间金融机构比较活跃,发展的状态比较迅猛。

福建龙岩天成集团董事长黄水木"卷款十亿出逃"事件仍在持续发酵。据多位债权人介绍,近年来,黄水木长期以 2~5 分的利息,向商会会员、同乡、朋友等借款。2014 年以来,因资金链出现紧张,黄水木开始转移资产,并于 2015 年 5 月出逃境外。目前,登记债权人达 200 余人,金额近 10 亿元。

吴英在 2006 年 4 月成立本色控股集团有限公司前,即以每万元每日 35 元、40 元、50 元不等的高息或每季度分红 30%、60%、80% 的高投资回报率,从俞亚素、唐雅琴、夏瑶琴、徐玉兰等人处集资达 1400 余万元。从 2005 年 5 月至 2007 年 2 月,吴英以投资、借款、资金周转等为名,先后从林卫平、杨卫陵、杨卫江等 11 人处非法集资人民币 77339.5 万元,用于偿还本金、支付高额利息、购买房产与汽车、个人消费等,合计集资诈骗达 77339.5 万元,没有归还的达 38426.5 万元。

1. 内部治理结构混乱

我国大多数的民间金融机构在内部管理上都存在一定的问题,专业管理阶层比较缺乏,内部管理机制不完善,相关的风险控制部门没有设置,缺少专业的财务团队,人事管理混乱,还没有形成必要的规章制度,所以发展不是很健全,运作情况也不具备较强的稳定性。

2. 商业化投机特点日益明显

合会成立的初衷是作为一种纯粹的民间互助合作组织,合会组织内部社员的借贷成本一般是较低利息,甚至无息。然而随着农村经济的不断发展,农村资金供求矛盾的不断深化,民间金融组织在巨大商业利益的驱动下,投机炒作色彩日益浓重。在江浙等民间金融活跃的地区,"标会""抬会"等组织数量大增,民间资本的借贷利率扶摇直上,然而过度投机的背后蕴含着巨大的信用风险,高息融入、高利贷出现的投机活动难以为继,资金链的断裂引发社会性"倒会"事件,成千上万的投资人血本无归,造成了极其恶劣的社会影响。

3. 参与者的经济权益不能得到法律保护

一开始,农村合作基金会是将农民的入股资金转变为信贷资金,发展壮大后,开始从社会吸纳闲散资金,基金会将服务的重心慢慢从参与者转向社会大众。由于参与者在入股时基本没有签订完整的协议,其个人利益仅依靠民间习俗和道德来约束,得不到法律上的保障,一旦基金会违背约定,损害了个人的利益,参与者是很难从基金会获得赔偿的,寻求法律援助也无用。

在民间金融带来的一系列不良社会反响下,民间金融受到了政府和社会各界的高度关注。2005年5月25日,中国人民银行发布《2004年中国区域金融运行报告》,明确指出"要正确认识民间融资的补充作用",这被普遍看作是中国人民银行首次对流行于中国农村的民间借贷的正面的积极的评价。民间融资规范化和民间资本市场准入的工作在2005年开始有所突破。2005年底,中国人民银行选择在山西平遥、贵州江口、四川广汉和陕西进行民间小额信贷的试点工作,试图引导民间金融的融资活动走向正轨,并将民间融资纳入金融监管机构的正式监管之下。但民间资本进入农村金融市场仍然受到诸多限制,无疑在很大程度上降低了民间资本参与农村金融的积极性。

(五)农业保险保障程度较低

政策性农业保险是一种新兴的金融业务,其保险范围比较狭窄,保障的额度也不高。《国务院关于保险业改革发展的若干意见》提出"研究制定支持政策,探索建立适合我国国情的农业保险发展模式,将农业保险作为支农方式的创新,纳入农业支持保护体系"。与银行业不同的是,政策性保险公司不提供贷款用于农业生产,却为农业的发展提供保障,间接地促进了农业的可持续发展,保障农民能不断增加收入,对农村金融的生态环境也有良好的改善作用。并且,政府也在通过政策性农业保险对农村的金融市场进行调节控制,对其稳健发展也起到积极有效的作用。

2012年,我国开展农业保险业务的保险公司已由试点初期的6家增至25家,适度竞争市场环境正逐步形成。2013年底,我国农业保险的承包面积达10亿亩,占全国播种面积的42%;提供风险保障突破1万亿元;实现保费收入 306.6 亿元,同比增长 27.4%;受益农户 3177 万户;支付赔款 208.6 亿元,同比增长 41%。在一些保险覆盖面高的地区,农业保险赔款为灾后恢复生产提供了重要资金来源。但政策性农业保险是一种新兴的金融业务,其保险范围比较狭窄,保障的额度也不高,对农村经济组织的发展无法起到很好的保障作用。

(六)农业担保体系建设不完善

2004 年,《关于促进农民增加收入若干政策的意见》指出,相关部门要从农民和农村中小企业的实际情况出发,研究提出不同种类的担保形式,比如动产抵押、仓单质押、权益质押等。

鼓励政府出资的各类信用担保机构积极拓展符合农村特点的担保业务,有条件的地方可设立农村担保机构,鼓励现有商业性担保机构开展农村担保业务;近年来,动产等级公示系统的建设与运行,有力地推动了我国动产质押融资业务的开展,缓解了农村经济发展由缺乏担保物而导致的融资难问题。同时,一些地方政府相继探索成立了一批农业信用担保机构。这些信用担保机构在支持农村合作经济方面确实发挥了积极作用,但是由于规模较小,缺乏财政持续注资机制,这些信用担保机构的担保能力已不能满足快速发展的农村经济发展融资需求,抗风险能力普遍偏弱。事实上,目前我国大部分农村地区仍未建立起信用担保机构。缺乏必要的抵押担保仍然是当前制约农村信贷业务发展的主要障碍。

三、农村金融市场存在的问题

(一)农村缺乏金融产品和金融工具

当前,我国农村经济发展的经营行为已经呈现出多样化特点,收入来源不再局限于农业生产、养殖业、工商业经营,不同的经济行为带来了不同层次的金融需求。

1. 农村经济发展资金需求的规模和用途呈现多层次性

农民收入增加后,单纯为了生活进行贷款的情况变少了,更多的是为了进行农业生产和商业经营而贷款。贷款目的不同,对资金的需求类型也不一样。以教育、医疗等民生行业借款为主的农村经济发展,资金需求处于小额分散、维持基本生活和简单再生产的阶段;以致富型的农业生产为主的农村经济发展,资金需求处于从简单再生产向扩大再生产转变,摆脱小额借贷束缚,开始向大额借贷转变的阶段;以商业性经营活动和规模型农业生产为主的农村经济发展,资金需求处于大额集中、扩大再生产的阶段,资金需求规模急剧扩大,风险承受能力较强。

2. 农村经济发展金融服务产品需求结构逐步升级异化

除了基本的金融服务产品,如存款、贷款和外汇等,由于地区不同、收入水平不一致,在不同的农村经济组织之间,对投资性要求更强的股票、债券、基金和保险产品、结构性理财产品,以及银行卡、电子银行等个性化、差异化的产品,金融咨询等一系列的金融服务的需求也是不同的,其需求结构之间的差异越来越明显。

但是,从目前农村金融供给现状来讲,农村金融机构提供的产品和服务结构单一,创新产品的市场活力不足、覆盖面窄、服务深度和服务质量有待提高的问题依然严峻。适合农村市场的融资、保险、期货、理财等产品相对稀缺,农村金融市场急需具有个性化、差异化的金融服务和产品,以应对农村多元化和多层次的金融服务需求。目前,农村金融市场上涉及两个或两个以上市场的金融产品严重不足,信贷、证券、保险没有形成相互结合、互为补充的发展局面,农村金融市场的有序协调发展仍需加强。

(二)农村金融机构差别化服务水平有待提高

当前参与农村金融市场的主体越来越多,特别是在某些经济相对比较发达的农村地区,各个金融机构之间的竞争越发激烈,但是,其中相同类别的竞争比较激烈,比如金融机构之间竞争客户,竞争人才,简单复制对方的业务。这些机构更应该做的是按照地区、层次、类别的差异,细分市场、细分客户、创新产品、创新服务,弱化与其他金融机构的竞争,提升自身的核心竞争力。在某些地区,同类型的竞争比较激烈,会形成一种恶性循环,进而引发恶性竞争,对农村金融机构的形象造成损害,从而制约农村金融稳定健康发展。

(三)农产品期货市场发育不健全

我国农产品期货市场经过十多年的发展,目前各项制度不断完善,市场结构不断优化,在规避农产品价格风险、引导农业生产方面发挥了积极的作用,但与发达国家农产品期货市场相比还存在着许多不足。

1. 交易品种少,交易结构不健全

我国对上市的新品种采取行政审批制,缺乏成文的审批标准及程序规定,因此环节多,程序烦琐,推出新品种的时间周期较长。由于不存在品种的退市机制,所以增加了上市期货交易品种的复杂性和难度,大米、高粱、花生等几个大宗农产品基本上符合期货交易的一般条件,却始终没有上市交易,导致我国农产品期货交易品种不多。

另外,我国的农产品期货市场上不能进行期权的交易,可供投资者选用的交易方式不多,降低了投资者进行交易的热情,减缓了我国期货市场的发展步伐。而且农产品期货市场的交易规模不大,可交易的产品种类较少,无法满足投资者的交易需求,农产品期货市场在国际市场上的价格影响能力也受到限制。在对外贸易中,无法对农产品进行价格确定,会使一些出口量大的农产品失去竞争优势。

2. 市场投资主体结构不合理

在我国农产品期货市场的参与者中,95%为中小散户,主要从事投机交易,缺乏稳定市场的机构投资者。以个人为主的投资者结构,在一定程度上会助长市场投机氛围,加大价格波动幅度,不利于市场的稳定运行,且会影响期货市场功能的发挥。此外,农产品期货市场中缺乏专业的商品投资基金和综合性的金融投资机构。

3. 市场中介组织缺位

在农民进入期货市场时,市场中介组织可以为其提供极大的方便。目前,我国农村中有供销合作社、农业贸易公司等合作经济组织。这些组织大

部分是政府出资建立的,分别由不同的部门管理,因此要将农民的资源统一起来参与期货交易比较困难。因为可以从农民的角度出发参与期货交易的中介组织比较匮乏,所以仅靠农民自身的财力去参与农产品期货交易,是有相当大的困难的。

4. 期货市场与现货市场分割严重

期货交易以现货交易为基础,是社会经济发展到一定阶段产生的高级的交易方式。美国农产品现货市场的标准、交割方式能够很好地与农产品期货场进行对接。现货企业积极参与农产品期货交易,使期货价格和现货价格联系密切,较好地发挥了规避农产品风险、引导农业生产的作用。

在不同的地区,我国的各种农产品现货批发市场存在不一样的发展趋势,很多行业、很多地区都有不同的销售体系,没有一个统一的标准来进行规范,无形中给现货市场带来了不良影响,各地区的价格差别大,市场分割严重,很难从中发现未来农产品的价格变化规律和趋势,只有少数交易频繁的期货种类,如小麦、大豆等,有较好的规律。现货市场上的价格不具备良好的预期性和指导性。

现代农业发展的不充分导致了农产品现货市场的质量标准和交割方式不能与期货市场进行完全对接。加工企业无法利用期货市场规避现货市场风险,从而形成了现货市场与期货市场几乎分隔的发展路径。粮食市场基础设施和管理方式落后,农村信息不畅通,使我国统一的现货市场没有形成,期货市场的农产品交易缺乏完善的配套设施作为保障,制约了期货市场的流动性和品种创新。

(四)各涉农业态市场的联动机制有待加强

农村经济的快速发展,使农村经济发展的主体也随之增多,农村经济发展组织的收入水平也不断提高,对金融的需求也在不断增多:除了基本的信贷资金需求,对保险、理财、投资、证券、期货等各类金融服务的需求也在迅速增加。农村金融需求的多样化发展,需要农村金融供给主体实现多元化、多层次、适度竞争。银行、保险、证券、期货都应成为农村金融市场的有效供给方。

由于"三农"客户对信贷资金的需求更为迫切,政府部门、社会各界对农村金融需求的关注点也主要集中在融资方面。因此,长期以来农村金融体系的建设重点都放在银行类金融机构上,对保险、证券、期货等非银行类金融机构的关注度相对较低,由此导致农村金融体系功能不健全,农业保险、农村期货市场和农村资本市场等发展严重滞后,农村地区的货币、资本、保险、期货等市场发育水平不一致,或者机构缺位,或者功能缺失。

从整体上看,我国农村金融体系目前仍然是以银行服务为主,很难满足农村地区的各种金融需求,对系统性功能的顺利实现也会产生影响,价格发现、资源配置、风险对冲、风险补偿等都会有困难。农村金融市场仍然没有形成一个各种金融服务分工配合、相辅相成的状态。所以,加速完善农村地区的信贷、保险、证券期货市场,形成这些市场互相配合的农业风险管理体系势在必行。

四、农村金融基础设施建设存在的问题

(一)农村征信体系建设滞后

部分地区诚信环境建设不足,违约失信现象仍然不同程度地存在。部分农村金融机构在开展农户联保贷款基础上,尝试开展了小企业和个体工商户联保贷款,但是,由于诚信环境建设力度不足,尤其是受以前乡镇企业批量倒闭和恶意逃废债务的影响,这部分客户的信用意识仍存在较大差异,逃废债务现象时有发生,给农村金融机构造成不小的损失。此外,部分地区法制环境建设不足,突出体现在胜诉案件执行难。目前,各涉农机构普遍存在"诉讼案件大多能胜诉,但判决生效案件的执行率低、债权难以落实"问题。究其原因,固然与农村地区抵押物价值低、难以变现等因素有关,更与农村地区执法力度不足有很大关系。一些地方政府、司法部门对维护金融债权、培植社会信用、打击逃废债力度不够,甚至为涉农中小企业和种养大户逃避债务提供政策支持,充当保护伞。惩戒措施不到位客观上导致失信的"羊群效应"显现,给农村地区信用环境建设增加了难度。

（二）农村支付结算体系建设缓慢

在我国支付结算体系愈加完善的同时，农村地区的支付结算体系也取得了一定的成果。基本的正规金融机构的支付结算体系建设进度明显加快。然而，总的来看，进度依然缓慢，广大农民和农村合作经济组织的结算需求仍然无法得到满足，无法适应"三农"的发展。这突出表现在以下两个方面。

（1）村镇银行、小额贷款公司、农村资金互助社等农村金融机构缺乏必要的支付结算体系。目前，只有符合中国人民银行有关规定的村镇银行才能申请加入大额支付系统、小额支付系统和支票交换系统，而贷款公司和农村资金互助社只能依靠银行业金融机构代理支付结算业务。

（2）农村地区的支付结算相关设备，如自动提款机等，并没有广泛投入使用，远远不及城镇地区的投入率，而且，农村地区明显比城镇地区更少使用网上银行、手机银行、农信通等金融工具进行交易。农村地区对金融相关的认识比城镇地区落后，很多农民和农村中小企业并不十分了解金融产品和金融工具相关的知识，致使农村地区整体金融生态环境较差，整个农村金融市场的参与热情不高，各种金融支付方式在农村地区推广还需要一段较长的时间。

（三）农村金融中介体系建设有待加强

在探索抵押、担保过程中，农村金融中介机构现有的问题比较突出。由于农村地区经济发展相对落后，抵押担保品有限，使用现代金融产品定价机制在农村地区开展评估、担保、信用评级等的成本较大，导致在农村开展金融中介业务难度较大，农村金融中介发展滞后。一些审计、会计、资产评估、法律咨询等社会中介机构运作的规范化程度不高，部分中介机构受地方政府部门的行政干预较为严重，导致其无法及时、全面、准确地提供有关企业的财务会计信息和法律信息，影响农村金融机构对企业客户的客观评价。在中西部地区，部分欠发达县域甚至没有资产评估、审计等中介机构。此外，县域地区社会中介机构专业技术人才十分紧缺，部分从业人员素质相对较低，职业操守和专业能力与社会经济发展的新要求不相适应。

五、农村金融扶持政策存在的问题

（一）政府的引导和支持力度仍然不足

部分地方政府对农村金融机构的引导和扶持力度不够。由于农业、农村的天然弱质性，金融机构在部分农村地区设置网点完全是出于社会责任，很难营利，此时，地方政府要起到引导、帮助和扶持作用，充分发挥财政、税务等部门的力量，营造健康良好的生态环境，助推金融机构在地方农村金融市场中顺利组建、发展，力争营利。

但是，仍有个别地区的政府未能高度重视农村金融机构发展的重要意义，未能充分发挥培植农村金融机构的重要作用，对优惠的政策落实不到位，对承诺的条件兑现不到位，甚至忽视金融机构的独立法人地位，将其视为"提款机"，大搞政绩工程，强迫其参与政府主导型项目建设，给金融机构的经营管理带来障碍。此外，现有的各项扶持政策主要是针对特定业务、特定机构、特定区域的，与我国当前农村金融机构发展水平和风险状况相对照，政策覆盖的广度和深度有待进一步提高，长效的政策扶持体系仍需进一步建立健全。

（二）金融财政扶持政策缺乏有机结合

现阶段我国政府部门、中国人民银行及金融监管部门等为促进农村金融的发展，制定了很多有效的扶植政策，但大多各自为政，未能充分发挥财政、信贷资金相互协调配套作用。制定财政政策时，在不断完善涉农领域财政税收支持政策、发挥财政资金的引导作用的同时，未能充分考虑与金融政策的相互配合。政府部门应注重通过对重点涉农业务的适当补贴和扶持，引导各金融机构开展涉农信贷业务，增加信贷投放。通过给予主要涉农信贷机构一定的财税优惠政策，增强自身经营覆盖风险能力，在逐步实现可持续发展的基础上，进一步加大涉农信贷支持力度。

第三节　农村经济发展中金融支持不足的原因

前面分析了目前我国农村金融中存在的金融抑制,这一困境的形成,既有农村金融组织自身的内部因素,也受制度、政策等外部环境的影响。这一节主要分析农村金融对农村经济支持不力的原因,对我们解除目前的困境是十分重要的。

一、政策性金融支持有限

无论是发达国家还是发展中国家,农业始终是弱势产业,即使在农业高度发达的美国,解决农业问题也是通过国家补助、政府免税、社会资金倾斜和市场手段引导等措施来完成的。为了解决农村金融问题,为更多的农民提供获得贷款的机会,以缓解农村的贫困状况,政府一般都会建立政策性的专业银行。因此,政策性金融是世界各国普遍运用的基本符合协议要求的重要支持手段,其本质是准财政,是财政与金融手段的有效结合。

中国农业发展银行作为我国唯一的农业政策性银行,理应履行支持农业发展的政策性职责,但目前实际上仅仅充当了单纯的粮棉收购贷款银行,业务局限在支持粮棉流通方面,并且其提供资金的服务对象也只是部分国有粮棉油收购企业,大量中小粮棉油收购和加工企业都被排除在外。截至2016年,中国农业发展银行的贷款结构中,粮油收购贷款占比就高达68.04%,棉花收购贷款占比23.26%,其他信贷业务占比就不足10%,这就限制了农业政策性金融作用的发挥,使政策支农功能大打折扣。本应属于农业发展银行业务范围的,如粮、棉、油等大宗农副产品的收购、调销、储备贷款的管理,扶持贫困地区经济发展,加快农业开发,提升农业产业化水平,增强农产品国际竞争力等方面的业务,农业发展银行都没有涉及。这就使农业发展银行支持农业、振兴农村的政策性金融作用不但没有充分发挥,反而逐步弱化了。

国务院规定农业发展银行的资金来源包括资本金、业务范围内开户企事业单位的存款、发行金融债券、财政支农资金、向中国人民银行申请再贷款、境外筹资等等。但由于受到某些条件的制约,目前中国农业发展银行的资金大约有 84% 来自中国人民银行的再贷款。筹资渠道单一、资金成本高、市场化筹资能力差,造成其资金来源的规模远远不能满足业务发展的需要,既不利于政策性职能作用的发挥,也加大了中国人民银行基础货币投放的压力。这就使得农业发展银行的发展举步维艰,逐步缩小支农贷款范围,且政策性金融作用有限。因此,目前的中国农业发展银行只是一个资金代管机构,行驶的职能也仅相当于一般的出纳机构,首先考虑的是完成国家指定的农副产品收购任务,而不是如何充分发挥其政策性金融的作用,加强对农村经济发展的支持。

中国金融年鉴的数据显示,农业发展银行的贷款余额在 1997 年达到最高峰,为 8637 亿元,但后来有下降趋势,2003 年下降到 6901.90 亿元,到 2007 年首次突破万亿元,达到 10224 亿元。2010 年,农业发展银行不良贷款实现"双降",经营效益大幅提升。6 月末,不良贷款余额 512 亿元,比年初减少 12 亿元;不良贷款率 3.37%,比年初下降 0.24 个百分点;实现经营利润 75 亿元,同口径同比增盈 49 亿元,增幅为 186.5%。截至 2015 年底,银行业金融机构涉农贷款余额 26.4 万亿元,同比增长 11.7%,涉农贷款余额在各项人民币贷款余额中的占比达 28.1%,涉农新增贷款在全年新增贷款中占比为 32.9%,新增贷款中超过 1/3 的款项投向了"三农"发展。截至 2017 年 5 月底,农业发展银行贷款余额已达 4.27 万亿元,其中粮棉油购销储贷款 1.98 万亿元,占比 46.37%。

但是目前的农业发展银行还没有起到对整个农业、农民的政策性金融作用,与政策性银行应发挥的提供政策性短期融资、长期融资及欠发达地区区域经济发展所需融资功能还有很大差异。

二、农业银行的改革削弱了金融支农的主导地位

作为商业银行,追求资金的营利性仍是其主要的经营目标。但由于农业"靠天吃饭"、农村业务量少、城镇化水平严重滞后以及城乡"二元"分割等因素的存在,在没有足够的扶持和优惠政策的前提下,信贷资金通常不会背离市场规律而轻易投放到农村经济这块贫瘠的土地上。

农业银行本是源自"三农"、发展于"三农"的。随着农村金融体制改革的推进,农业银行已完成了由专业银行向商业银行的转变,业务领域、服务对象、经营机制、管理体制等都发生了深刻变化,服务对象逐渐脱离"三农"业务,重点转向城镇。

长期以来,农业银行作为农村地区最重要的金融机构,自商业化改革以来,非但没能填补网点与业务上的空白,反而为了节省交易成本,降低潜在的金融风险,提高经营效率,也跟着其他三家国有商业银行一起逐步撤销了乡镇乃至县级经营机构和营业网点。这样一来,就明显提高了农业银行向分散的中小农户及乡镇企业融资的成本,从而进一步打击了农业银行提供农业贷款的积极性。自此,农业银行将业务重点由农业转向非农业,从农村地区转向城镇地区。在有些农村地区,农业银行基本上只吸收存款,很少发放贷款,即使有,数量也非常有限,主要是提供给少数效益好的企业和个人,一般的农户、个体私营企业很难从农业银行得到贷款。此外,为了控制风险,在信贷管理权限上大多采取上收一级的管理办法,实行严格的贷款审批权限制度。县级以下机构基本上没有放贷权利,导致对农业的投入资金大幅度下降。

农业银行更愿意把资金投入到营利性的工业和城市经济活动中去,支农力度日趋减弱。2006 年,农业银行就加大了对长三角、珠三角、环渤海地区以及其他经济活跃城市、大客户集中地的信贷支持力度,其中三大板块地区贷款增量占比就达到 58.57%。农业银行以专业大户(家庭农场)、农民专业合作社和农业产业化龙头企业等新型农业经营主体为重点,不断加大支持力度。截至 2015 年 3 月,专业大户(家庭农场)贷款余额达 238 亿元,农

民专业合作社及社员贷款余额 90 亿元,农业产业化龙头企业贷款余额 1734 亿元,国家级、省级龙头企业服务覆盖率已超过 80% 和 50%。2015 年,农业银行在全国范围内进行了摸查建档,重点支持 30 万户专业大户(家庭农场)、1 万家农民合作社,以及国家级、省级产业化龙头企业,安排新增贷款计划 300 亿元以上。同时,举办 1000 期新型农业经营主体金融培训班,培训 3 万名左右的新型农业经营主体。

2017 年,农业银行积极服务农业供给侧结构性改革,切实加大农户信贷投放力度。截至 3 月末,农业银行农户贷款余额首次突破 1 万亿元,达到 10215 亿元,较年初增长 763 亿元。农业银行加强信贷产品创新,形成了"小额+大额+特色产品"的农户信贷产品体系。以中小规模农户服务为例,农业银行专门推出 10 万元以下的农户小额贷款产品,2008 年至今已累计投放农户小额贷款 8586 亿元,服务近 2000 万户农户。

此外,农业银行积极推进"两权"抵押贷款业务试点。截至 3 月末,农业银行已在全国 176 个县投放农村土地经营权抵押贷款 28.8 亿元,贷款余额 12.8 亿元,支持土地承包农户 1.2 万户;在 68 个县投放农民住房财产权抵押贷款 18.6 亿元,贷款余额 7.2 亿元,支持农户 1.1 万余户。

农业银行的农业产业化龙头企业贷款占比也呈下降趋势。贷款主要投向了电信运营、能源石化、交通运输等基础性重点行业。此外,由于农业银行的经营状况是中国银行业中最差的,农业银行一直背负着沉重的历史包袱,人员过多,分支机构规模效益差,人均创利低,费用控制不好,整体经营成果差,资本充足率低,缺乏资本补充渠道,经营效益差,不良贷款率高,抵御风险能力较差,一定程度上都影响了资金的积累和资源的有效配置,因而也就影响了其服务"三农"的效果,对农村经济支持也显得力不从心。

总之,农业银行的商业化改革直接影响了它向农业和农村经济提供融资服务的积极性。随之而来的是农村地区原本稀缺的资金变得更加稀缺,导致了农村地区金融供给和金融需求的严重脱节,农业发展面临资金困境。

三、农村信用合作社改革困难,难以发挥支农主力军作用

农村信用合作社作为农村主要的金融机构,是农业和农村经济发展的主要资金来源和联系农民的金融纽带。尽管农村信用合作社的机构网点基本上覆盖了整个农村区域,并且几乎处于垄断地位,但在商业化改革导向的影响下,农村信用合作社同样为追求自身利益最大化而选择性地发放贷款,表现出严重的"非农化"和"城市化"倾向。一般农户获得贷款的可能性大大降低,这使得农户从信用社得到的贷款与农户储蓄极不相称,存贷比在1984年达到40%,在1996年逐步降低至20%。此外,农村信用合作社由于受自身产权不清、法治结构不完善、结算手段落后、电子化程度低等技术因素的约束,组织存款、开拓业务的能力难以提升,存款增量大大落后于邮政储蓄银行等机构,也或多或少地影响了其提供有效金融服务的能力。

近年来,农村信用合作社由于自身面临诸多问题,在支农道路上举步维艰。

其一,服务"三农"一直是农村信用合作社的法定目标和历史使命,但由于我国农村信用合作社先天"合作性"的缺失,以及农村信用合作社与农业银行脱钩后,各级农村信用合作社作为独立法人在营利动机的驱动下,把资金更多地投向获利机会较大的乡镇企业、个体工商户,甚至还出现了中西部地区农村信用合作社把从农村吸收的存款投向经济发达的东部地区,使原本就短缺的农村资金不断外流。

其二,农村信用合作社历史债务包袱沉重,不良资产较多,对农业支持也是有心无力。农村信用合作社在2003年改革前,不良贷款率就已经达到了37%的高度,有些省份甚至达到50%以上。如此差的资产质量,必然就导致回收率低,亏损严重。从1994年至2003年,全国农村信用合作社连续10年亏损。2002年,农村信用合作社轧差亏损58亿元,亏损面达33.5%。2003年,亏损下降到6亿元,直到2004年才实现了十年来首次盈余。2012年,全国农村信用合作社不良贷款率为4.7%。2015年,全国农村信用合作社实现盈利2233亿元;截至2015年末,不良贷款率为4.3%,资本充足率为

11.6%；涉农贷款余额和农户贷款余额分别为7.8万亿元和3.7万亿元，比上年末分别增长9.8%和8.8%。全国共组建以县（市）为单位的统一法人农村信用合作社1299家、农村商业银行859家、农村合作银行71家。与2002年的37%相比，不良贷款率显著下降，资产质量提高，存贷款规模不断扩大，经营能力有很大提高，各项业务快速发展。

其三，民主管理与内部人控制之间的矛盾。我国农村信用合作社由于行政色彩重于合作色彩，民主管理缺乏制度基础。在内部看，农村信用合作社的经营管理大权集中在主任一人身上，产生严重的"内部人控制"现象。这就容易使农村信用合作社的经营目标变成农村信用合作社职工的利益最大化或领导层少数人的利益最大化，在业务经营上偏离了主要为社员服务的宗旨，跨社区和非社员的信贷业务占有极大比重。加之在有些地区，农村信用合作社受乡镇地方行政干预较多，缺乏经营的自主性，支持了一些重复建设、盲目建设项目，造成信用社不少呆账贷款，严重影响了其经营利润。

随着农村信用合作社的改革整顿、机构网点的逐渐缩减，一个信贷人员为方圆十几千米内几百甚至几千家的农户服务，服务很难到位。所以，在商业银行在农村收缩战线、政策性银行功能缺位的情况下，农村信用合作社由于其自身先天不足，难以有效支撑"三农"经济发展。诸多因素导致农村信用合作社无力提供农村经济主体所需要的金融服务，然而农村经济的进一步发展，迫切需要多样化的金融服务。现行的农村信用合作社改革已经取得了阶段性的成果，但仍然存在一定的困难，一定程度上阻滞了我国农村经济的发展。因此，农村信用合作社仍需改革来促进发展。

四、邮政储蓄的"虹吸"效应，削弱了金融支持的总量

在出现了较大的通货膨胀以后，中国人民银行批准在邮政系统内成立了邮政储汇局。该机构是国家为了抽紧银根、紧缩货币供应量、抑制通货膨胀等而开办的。

邮政储蓄银行以与其他商业银行和信用社相同的利率吸收存款，然后以较高的利率转存中国人民银行。邮政储汇局保持着"只存不贷"的经营状况，并且储蓄资金转存中国人民银行，就相当于是投资于无风险金融产品，没有任何风险，且邮政储蓄可以稳赚利差收入。因此，只要增加存款，就有利润。这使得存款积极性很高，因而邮政储蓄存款规模迅速扩张。多年来，邮政储蓄凭借其得天独厚的政策因素，尤其是在农村合作基金会被清理整顿和国有商业银行大量撤并在农村的机构网点后，其利用遍布城乡的营业网点，以及便捷、快速的邮政汇兑系统优势，采取各种手段抢占市场，大量吸收储蓄存款。历年邮政储蓄存款的增长率均高于银行和信用社等其他金融机构。截至2015年末，全国邮政储蓄机构的营业网点数是8604个，邮政储蓄存款余额已达6.7万亿元，同比增长9.85%，居工商银行、农业银行、中国银行、建设银行和农村信用合作社之后。

中国人民银行自2015年10月24日起，下调金融机构人民币贷款和存款基准利率，抓紧完善利率的市场化形成和调控机制。但是从目前来看，邮政储蓄资金主要使用方向为银行间同业拆借、债券市场运作和商业银行的大额协议存款，只有很少一部分是以支农再贷款的形式返流给农村。因此，我们仍需采取有效的制度安排促使邮政资金回流农村。

邮政储蓄利用邮政网点的基础设施、人员等优势，在农村快速发展，就像一台抽水机，在农村吸收大量的资金，然后将其转移、用于其他地区的非农项目，而不是将资金用于农业和农村，这就造成了农村资金的大量流失。邮政储蓄吸收的存款，大约有2/3来源于农村地区。2015年底，邮政储蓄从农村吸收的存款余额达1.6多万亿元，这些资金全部转存中国人民银行。我国农村经济的发展对信贷支农有较大的需求。随着农业银行在乡镇网点的减少，这种需求主要由农村信用合作社来解决，但邮政储蓄的快速增长，直接削弱了农村信用合作社的支农能力。邮政储蓄"只存不贷"的功能分流了大量资金，造成地方资金的"失血效应"，加剧了农村金融中的资金供求矛盾。

五、非正规金融机构发展不规范造成市场混乱

农村非正规金融组织和民间借贷活动是因为金融制度的信贷供给不能满足农村经济发展的需求而不断内生出来的。农村正规金融机构的不发展,给了农村非正规金融生存的空间。比如农村信用合作社的垄断经营使得农村资金供求矛盾突出,于是农民只能更多地依赖处于地下的非金融渠道融通资金,各种标会、台会、摇会、私人钱庄等纷纷涌现。它们虽然被政府一再禁止与取缔,但在很多地区仍或明或暗地存在。不可否认,非正规金融在扩大农村生产资金、活跃农村金融市场、提高农村金融效率、促进农村个体私营经济发展等方面的确起到了积极作用。比如 20 世纪 80 年代产生的农村合作基金会,曾红极一时,但是由于其违规经营,高息揽储,缺乏必要的管理和相应的规范,发展过快,出现了一些问题,扰乱了金融秩序,并危及金融稳定。

首先,民间借贷大多是建立在个人信用基础之上的,但由于农民收入增长缓慢,农村民间借贷市场风险加大,违约率高,民间信用状况恶化。许多民间借贷,特别是用于个人生活的消费性借贷,碍于情面而没有履行必要的法律手续。比如,有的借贷根本就没有签订书面的借款合同,只是以口头上的合同形式实现借贷关系,借贷关系尚未法律化;有的即使是签订了书面合同,但合同要素不全,或违反国家有关政策法规,如利率过高、借款用途不当,致使合同部分无效或全部无效,使借贷关系得不到法律有效保护。有的民间借贷双方虽然签订了合约,但债务人没有可靠的资金做保证,遇到天灾人祸,受损失的往往是债权人,易形成纠纷,造成治安秩序混乱,引发社会矛盾,一定程度上扰乱了社会正常秩序,破坏社会的稳定。

其次,民间借贷严重扰乱了社会资金的合理配置和使用,影响了国民经济的正常发展。民间借贷一般都伴有高利润诱惑,存贷利率普遍较高,往往是正规金融组织的数倍。这一方面使得借款单位的生产经营成本上升,竞争力下降,影响了农村经济主体的发展后劲;另一方面导致资金分配畸形,干扰了国家正常的金融秩序。同时,民间借贷中的一些非法借贷行为,以高

息、罚息等手段截走正常经济部门的资产,使这些经济部门的生产和经营受到干扰和阻碍,造成国家财政收入和地方经济部门收入严重流失,使税收短缺,财政收入减少。民间借贷资金投向由于不受任何部门的控制,且在信用社体外循环,削弱了金融宏观调控力量,阻碍了国家制订正确的宏观金融政策,加大了国家宏观调控的难度。

最后,民间借贷还存在较大的金融风险。民间非正规金融组织基本上属于"零打小敲",在地下或半公开状态下活动,良莠不齐。有些具有良好的信誉和运行机制,有些起初运行较好,但之后种种原因导致信誉急剧下降;有些则从一开始就属于非法集资,经营者携款潜逃的现象时有发生。后者虽为少数,却严重扰乱了金融秩序,影响了金融稳定,也给本不富裕的农民带来财产损失。

六、外部环境影响了农村金融的发展及对农村经济的支持度

(1)涉农法律的制定落后于农村经济发展,限制了农业投融资。一是有关涉农贷款抵押物问题还未纳入《物权法》范畴。二是相关的《农业投资法》《农村金融服务促进法》《民间借贷法》等尚未制定。

(2)缺乏抵押物。因为银行不愿接受农村客户提供的抵押品,且双方在估价上存在很大差距,即使银行接受了这些抵押品,也很难找到合适的拍卖市场去处理。

(3)缺乏比较完善的风险管理控制体系。农业是弱质产业,自身投入高、产出低的特征决定了其具有高风险性。追求利润最大化的商业性金融部门自然不愿意投入过多,而带有一定政策性色彩的金融支农贷款,也缺少相应的风险补偿机制,产生的风险几乎全部由金融机构自身来承担。

(4)在金融领域,信用可以说是全部金融行为发生的前提,而我国由于长期受计划经济的影响,对信用观念的宣传力度不够,农村居民普遍信用意识不强,逃废债现象严重,使得农村金融市场的信用缺失严重。此外,农村合作基金会的倒闭也给农村的信用环境带来了负面影响。再加上地方政府

的保护主义行为,受眼前利益的驱使,助长了农户和农村企业不讲信用的行为,在一定程度上也恶化了农村信用环境,使得发放出去的贷款不能及时回收,影响了涉农机构发放贷款的积极性。

（5）传统银行、信用社等传统农村金融机构已经不能满足农民大量金融需求,互联网金融正在快速发展并不断渗透到广大农村地区。互联网金融已逐渐涉及传统金融机构各项业务领域,如网络借贷、众筹融资以及网络基金销售等分流了大部分传统金融机构存贷款、理财业务。目前,银行一年定期存款利率为 1.5%,而互联网借贷收益率高达 10%,网络基金收益率也在5%左右,互联网金融比传统金融机构的资金收益率高出几倍,使得对资金收益率敏感的农村居民纷纷选择投资互联网金融,致使传统金融机构存款流失严重。以宜信、翼龙贷、开鑫贷等为代表的 P2P(点对点)网络借款平台已在农村金融市场占据一席之地,而以信用社、农业银行、农村商业银行、邮政储蓄银行等为代表的传统金融机构若不能尽快推行线下服务和线上金融,将来必定面临更多的农民用户流失的问题。并且,互联网金融机构吸收的资金基本不会存放在农村金融机构中,农村资金的大量外流,会影响金融支持农村经济社会的发展能力。

此外,农村信贷市场的比较效益长期低于城市信贷,且农村信贷市场的信息不对称现象相对城市工商贷款而言更为严重,这就必然导致"挤出效应"。在利益驱动下,就将使得银行"贷农不如贷工,贷小不如贷大",并促使机构网点向效益高的地区转移,这也是近年来银行机构纷纷从农村撤销、紧缩银根的根本原因。

总的来说,由于二元经济结构的长期制约,我国农村经济发展水平严重滞后,城乡金融资源配置不平衡,农村金融体系不完善,体制机制不健全,机构功能不完备,基础设施不配套,扶持政策不到位,农村金融市场风险比较高,农户融资难现象十分突出。虽然近年来我国农村金融改革步伐加快,农村金融服务正在发生积极的变化,但由于多种原因,相对于城市金融而言,农村金融改革启动晚、进展慢,仍然存在一些深层次的矛盾和问题。农村金融服务还不适应新农村建设和构建和谐社会的需要。农村地区银行业金融机构网点覆盖率低、金融供给不足、竞争不充分等问题,已经成为制约农村经济发展的重要瓶颈。这些问题的存在,使得我国的农村金融成为整个金融体系的瓶颈和短板,难以满足农村金融需求的多样化,难以满足农村经济多层次的发展需要,难以满足社会主义新农村建设的需要。

第五章

国际农村金融支持农村经济发展的经验借鉴

第一节　国外农村金融支持农村经济发展的经验

世界各国农村金融发展历史上,在市场经济落后的时期,各种经济因素之间缺乏足够的流通,民间借贷成为农村借贷行为最重要的形式。而市场经济的不断完善,使得银行等现代化金融借贷方式逐渐取代高利贷的领先地位。然而,农民、农村中小企业以及其他的商业银行获得贷款的成本相对较高、难度较大,这主要是由农村经济贷款主体及商业银行追求实现利润最大化的特点所决定的。因此,农村信用合作社登上了历史舞台。与此同时,为了促进农村的经济发展,解决农村资金缺乏的难题,各国建立了由政府主导的农村政策性银行。

毫无疑问,按照社会经济发展的实际需求,每个国家因其不同的基本国情,形成了不同类型的农村金融体系。我们可以向世界其他国家和地区学习,分析其丰富的经验教训,建设具有中国特色的农村金融体系。为此,在发达国家中挑选美、德、日、法,发展中国家中挑选印度、韩国、巴西和孟加拉国的农村金融体系来做介绍。

一、发达国家的经验

发达国家的金融发展历史悠久,形成了一个相对完善的金融体系,并符合本国国情。它既有合作性融资,又有政策性金融和商业性金融,展示了多方向的发展和多层次的补充发展模式。在发达国家,金融机构的快速发展与政府的支持是分不开的,许多国家从其政府政策性保障和财政支持的方式中得到学习。

(一)美国

美国的农村合作经济发展至今大约已经有了 180 年。美国的合作经济组织作为企业,其成员即是使用者,又是拥有者。但不同之处在于,相较于投资资本的升值,组织成员对组织提供的材料采购、产品供应和市场营销服务更为注重。农产品销售合作社是最早的农村合作经济组织。因为美国的农业生产方式主要是以家庭农场为主,作为一个农业生产单位,农业合作社也被称为农场主合作社。美国农业合作社经历了产生、发展和壮大的过程,已变得相当发达。

美国农村的合作经济组织必须遵循以下原则。

(1)所有成员必须从事农业生产。

(2)坚决实施"一人一票制",并不按照投入的资金数额来分配,否则,社员所能获得的红利最高不超过 8 个百分点。

(3)每年与成员之间的交易数量必须超过与非成员之间的交易数量。

(4)关键是要保持成员之间的共同利益,按照成员的交易数额将赚取的利润返回给成员。

美国政府在农村合作经济的发展进程中发挥了相当大的作用。美国充分发挥了有形、无形两只手的作用,完全遵循市场经济规律,积极发展农村金融市场,同时对维护促进农村金融体系的建设进行大量干预。但必须提到的是,完备的农村金融体系促进了美国农村合作经济的发展,使美国逐渐成为世界上农业最发达的国家。

1916 年以来,美国政府已制定了一系列农业相关的贷款法律,由美国政府牵头,建立了农业信贷专业银行和它们的基层机构,以形成农村信贷体系。通过贷款给农业相关组织和农业发展项目,扩大农业资金的源头,改善农民的工作条件,增加农民的福利,为农民创造更多收入,加快农业的发展。经过大量的探索和尝试,美国形成了以农村合作金融为主体、政策性金融为保障、农村商业金融政策为补充,由政府主导的、多层次、全面、高效、发达的农村金融系统,它可以被称为"4+1"模式("4"表示商业银行、农村信用合作社系统、政府农村信贷机构、政策性农村金融,"1"表示保险机构,"4"和"1"相互配合完善,形成一个组织完备、功能齐全、效率更高的农村金融体系),对农村合作经济提供金融支持。农村合作金融支持体系可以分为私营金融体系、农村信用合作系统、政策性金融体系三个部分。这三部分分工合作、相互配合,如表 5-1 所示。

表 5-1　美国农村金融支持体系

机构分类	资金来源	机构类型	主要产品类型	主要服务对象
私营金融体系	股份制、自有资金	商业银行	中短期贷款、小额信贷、长期贷款(不动产抵押)	农场主
		人寿保险公司	长期农业贷款	
		农民及个人经销商	中短期贷款(商业信用)	
农业信用合作系统	初期政府资金主导;后期农场主参股拥有,发行债券、票据筹集资金	联邦中间信贷银行(成立于1923年)	中短期经营贷款	农业合作社(进而农场主)
		联邦土地银行	长期贷款(不动产)	农场主
		合作银行系统	中短期经营性贷款、出口贷款、长期贷款	农业合作社(唯一)

机构分类	资金来源	机构类型	主要产品类型	主要服务对象
政策性金融体系	政府提供资本金、预算拨款、财税支持、贷款周转资金和部分借款	农民家计局(成立于1946年)	中短期贷款(农业生产和生活)	农民(贫困或低收入)、农场主(无法从其他渠道获得贷款)
		商品信贷公司	贷款、农业生产(自然灾害)补贴、农产品价格支持	农业合作社,农场主
		小企业管理局(建立于1953年)	直接贷款,参与联合贷款、担保(商业银行)以及其他信贷,金融咨询(合伙人企业)	小企业(难以从其他金融机构获得贷款且从事农业生产)
		农村电气化管理局(成立于1935年)	中长期贷款	农村电力、农村电业合作社、农场主

从表5-1可以看出,美国政策性农村金融机构对不同的贷款对象,信贷制度是不同的。美国商业银行设立了大量网点,并配备了相关部门的专业支持服务人员,就连商业银行和贷款机构未涉及的农村地区,也得到了农村金融的支持。美国政府在20世纪初制定了一系列农村信贷法律法规,规定由美国政府系统设定专业的农村信贷银行及相关机构,满足农民和农村中小企业对资金的需求,促进农业法的快速发展。

1. 农业合作经济中金融支持的主体是农村信用合作系统

农村信用合作系统中最重要的是联邦中期信贷银行。农村信用合作系统是由美国政府于1923年在12个信用区建立的12家联邦中期信贷银行构成,专注于解决农民中短期贷款困难的问题。每个信贷银行下面有很多生产信用合作社。合作社实行的是股权所有制,社员拥有多少股权即可享受多少融资额度,借款金额通常在其合作社股份或参与权证的 5%~10%,借款期限通常是 1~7 年。联邦土地银行系统由 12 个农业信用区内的所有联邦农业银行及其附属合作社组成。联邦土地银行只为农场主提供长期的不动产贷款,贷款期限通常是 5~40 年。联邦土地银行实行的是股份制,各合作社必须将社员借款总数 5%的股金缴纳给银行,所有合作社共同占有银行的股权。合作社银行自设立以来,是专门为合作社提供贷款服务的,以供合作社添加设备、补充运营资金、购买商品等,来帮助农业合作社扩大农产品的销出业务,确保农业生产资料的供应和其他农业相关的活动。合作银行体系是由中央合作银行和 12 个信用合作银行组成的。

2. 农村合作经济的金融支持的保障是政策性金融系统

政策性金融主要提供长期低利率贷款,如灾害救济、农产品销售和农村社区发展等,主要是为农业生产和相关活动提供信贷服务,通过信贷活动调整农业生产的规模,落实政府的农村金融政策。政策金融机构的资金来源主要是政府提供的资本金、预算拨款以及借款。政策性金融的主要业务是提供商业银行以及其他贷款机构不愿意提供的贷款。不同的政策金融机构更偏向于各自领域内的贷款对象。美国农民家计局不是以营利为目的的,提高农民的生活水平和改良农业生产才是其真实目的,主要通过解决低收入农民的资金短缺问题,贷款给不能从商业银行和其他农业信贷机构获得贷款的借款人的方式进行工作。通过向农场主提供长期的防洪贷款和土地改善贷款等,美国农民家计局在落实农业政策方面逐渐占领主导地位。在自然灾害和农业危机的应对中,与农业生产保险服务性质类似的商品信贷公司被建立起来。其资金运作方式主要是提供贷款及支付补贴,如补贴给自然灾害导致的生产产值减损、管理实施价格和收入支持计划,来避免农业生产波动对农业生产者造成的不良影响。农村电气化管理局成立于 1935 年,是美国农业部的下属机构。建立农村电气化机构是为了改善农村基础设施建设及环境建设。美国统一规划农村的基础设施建设,如农村社区发展、水利建设、电力建设等,由政府提供财政支持和必要的信贷援助。农村电气化管理局主要是给借款人发放贷款或者提供担保服务。为提高农村电气化水平,管理局会发放贷款给从事电力和其他农村基础设施服务的合作社和农场等借款人。中小企业管理局向中小企业提供援助,在其无法从其他正常渠道获得足够的资金时,与农民家计局合作,为小企业提供贷款。农民家计局给经济状况不佳、贷款金额不高的小农场借款人提供资金方面的支持,中小企业当局给经济状况得到改善的中小企业提供更多的贷款。这些资金主要是由国会提供的周转资金和收回贷款的本金、利息等,将被用于发放贷款、提供担保和其他特殊信贷用途。美国的农业保险是由商业保险公司全权管理和经营的。美国农业政策性金融为农业生产和农业相关活动提供信贷服务,同时替政府调整农业生产规模,改变发展方向,落实农业政策,成为美国农村合作经济中金融支持的重要保证。

3. 对农村合作经济金融支持起补充作用的是私营经济体系

私营经济体系中的主要形式是商业银行。美国的商业银行经营范围很广,既发放工商业贷款,又办理农业领域的农业贷款。几乎90%以上的商业银行都在农村经营信贷业务。专门的农村商业银行几乎没有,但几乎所有的商业银行都在农村设立分支机构,开展信贷业务,尤其是设在小城镇的4000多家私营商业金融机构,农业贷款一般占其贷款总额的50%以上。美国商业金融机构之所以支农力度大,主要是因为政府的政策引导。美国联邦储备银行规定,凡农业贷款额占贷款总额的25%以上的商业银行,可以享受税收优惠,同时会对部分商业银行的农贷提供利率补贴。

通过税收激励的措施,银行管理机构鼓励金融机构将农业贷款的比例控制在25%以上,特别是农村合作经济组织的贷款比例。为满足农村发展的需要,从资金上保障农业合作经济组织,立法免除农村信用合作社的税收负担,简化存款和贷款流程,允许不支付存款准备金。支持农村信用合作社发展扩大农业融资,以满足农村发展的需要。联邦农作物保险公司,也被称为风险管理局,是美国农业保险的运营管理部门,负责制定国家保险条例、控制风险和从事对私营保险公司的再保险之类的业务。某些私营保险公司是经营农业保险的，会和风险管理局签署一项协议，承诺将按照风险管理局的规定行事，具体的业务操作则由农作物保险代理人和调查核损人员负责。

在美国农业现代化和一体化建设中，美国农村合作经济发挥了相当重要的作用。美国农业合作社的经营规模和经营范围，随着农业生产的发展变化而不断壮大，来自内部管理体制中的问题和竞争压力增加，阻碍了它们的发展。

总之，美国的农村金融最终发展成了一个讲求相互配合且分工合作的农村金融体系，极大地满足了美国农村经济发展在资金方面的需求。其具备了以下几个特点。

（1）多元化的农村金融机构、信贷渠道，劳动分工、竞争性生存，实现功能互补。美国的农村金融体系的主要特征是在其漫长的发展演变进程中，不断的竞争形成了金融机构之间分工明确、相互补充的状态。合作农业信贷体系，尤其是农业信贷银行，因得到了政府的支持，作为借款人所共同持有的专业农村信贷机构，在长期贷款中具有相当显著的优势，从而取代了原有的金融体系。同时，作为农村信贷体系主要竞争对手的商业银行，在短期农村信贷中，一直保持着的领先地位，始终未曾改变。在这个竞争过程中，个人和经销商由于具有便利和灵活的特点，即使贷款的比例一直在减少，仍然没有改变其作为超短期农业贷款主要供应者的地位。

（2）拥有来自政府的强大资金支持及政策上的扶持。即便美国农业有较高的现代化水平，其农业生产的内在特点仍然存在。农业发展中对金融的需要就受到了农业生产的高风险，农业投资数额大、长期性、低效益等特点的影响，这就奠定了农村金融运作会得到政府大力支持的基础。在农村信用的早期发展中，美国为了发展信用贷款，政府提供了大量的资金支持。例如，美国联邦土地银行一开始就是通过政府拨款，由政府持有所有的股金，而且财政拨款、财政借款也支撑了大部分的政府农村贷款机构的资金。

20世纪30—60年代,政府农业投资累计达88亿美元,使680万农户受益（当时美国全国农户数不足1000万户）。其中,商业信贷公司、小企业管理局等的资本金都由联邦政府拨款,隶属于美国农业部的农村电气化管理局也由政府提供资金来源,小企业管理局的资金则来自国会拨款的周转基金和收回的贷款本息。

（3）发展成熟的金融市场支持了农村信用贷款资金的筹备。作为整个金融体系的重要构成部分,美国的金融市场是相当成熟的,美国的农村金融与金融市场之间有着紧密的联系。首先,作为整个农村信用贷款系统中不可小觑的成熟商业金融组合部分,保险公司俨然已经变成了美国农村金融无法替代的一部分。然后,农村信贷基金从金融市场获取了数额巨大的资金,失去独立性,变得越发依附于金融市场。银行以及合作系统不处理一般性的存款和储蓄业务,在金融市场上售出有价证券、发行大量债券进行筹资,提供了大部分的信用贷款资金,甚至于作为国家农村贷款机构的农民家计局内绝大部分的信用贷款资金也是由此类行为筹集的。

（4）完善的法律提示是美国农村金融制度的保障。美国政策性金融机构支农受到良好的政府立法保护和干预。1933—1934年,美国先后通过了《农业信贷法》《对农场发放新贷款实施办法》;1936—1938年,美国又通过《土壤保护法》《新农业调整法》《小佃农取得土地贷款法》等,从法律法规上加强和完善农业政策性金融对农业的支持。在完善的法律法规体系保障下,农村金融发展规范有序,不会因为金融体系内部因素变化,影响金融体系的正常运作。

（二）德国

德国目前形成了以合作金融体系为主、其他金融机构为辅的农村金融组织体系。德国农村金融组织体系分为四部分。一是合作金融体系,包括中央合作银行、区域性合作银行、信用合作银行。二是其他金融机构,包括德国土地垦殖银行、土地改良银行、土地抵押信用协会、农业地租银行。它们大多是政策性金融机构,为合作金融体系提供协助。如德国土地垦殖银行是由政府所持有的;农业地租银行属于国家创立的信用机构,主要通过发行土地租赁债券的方式提供中长期贷款,帮助农民购买土地;土地抵押信用协会是德国的私人互助性质的房地产金融机构,协会的上层是中央土地抵押贷款协会,下层则是各土地抵押信用协会的分支机构,主要为成员提供最长可达半个世纪的土地抵押长期贷款,同时发行债券筹集资金;土地改良银行主要依靠在资本市场发行农业经济债券来筹措资金。三是审计机构,由德国联邦金融监管局委托审计协会对合作银行进行审计。四是行业自律组织——信用合作联盟,职责是向会员合作银行提供信息服务,协调和沟通合作银行与政府各部门的关系,帮助合作银行搞好宣传和处理公共关系,管理信贷保证基金。在德国农村金融市场,专营农业金融的商业银行比较少,合作银行和信用社是最重要的农业金融机构,60%以上的农业信贷是由合作银行和信用社提供的。所以,这里重点介绍农村合作金融组织。

德国是世界上第一个建立农业合作社的国家,是合作金融组织的发源地。1849 年,德国人雷发和舒尔茨先后在合作运动中推行信用合作;1895年,组建了德国中央合作银行。经过 1 个多世纪的发展,德国形成了逐级入股、自上而下服务的三个层次合作金融体系。顶层是全国性的中央机构,即德国中央合作银行。它是由地方合作银行、地区合作银行、非合作制投资人和德国政府按照股份制的原则共同投资组建的。中间层是 3 家地区合作银行,是由地方合作银行投资组建的。底层是大量的地方合作银行,也叫地方性信用合作社。

德国的合作银行体系是德国金融行业的主要支柱之一,共分为信用合作银行、区域性合作银行、中央合作银行三个部分,如表 5-2 所示。

1. 位于"金字塔"基层位置的是信用合作银行

它们由许多基层合作银行或基层信用合作社构成。他们直接开展各类信用合作相关的业务。主要业务是传统的存款贷款业务、证券业务、信用卡业务以及其他业务。

表5-2 德国的银行体系分类

全能银行	商业银行	大银行	设施完备,业务量大,如德意志银行、德国商业银行、德累斯顿银行
		地区性银行	较大的地区性银行也在全国开展业务,如巴伐利亚统一银行、西德意志州银行、巴登符腾堡银行
		其他银行	其他商业银行、外国银行、私人银行
全能银行	储蓄银行	最初针对中小客户提供存贷款,后来发展成为全能银行	
	合作银行	模式可以追溯到农村信用合作社,中心是促进成员经营	信用合作银行
			区域性合作银行
			中央合作银行
专业银行	按揭银行		
	基建信贷		
	德意志清算代理处		

2. 位于"金字塔"中间位置的是区域性合作银行

它们主要的组成机构是区域性信用合作管理机构。基层银行既是区域性合作银行的股东,又是区域性合作银行的客户。区域性合作银行保存基层银行的存款准备金,提供存储闲散资金的业务给基层合作银行,沟通基层银行与中央金库和其他的融资机构,并利用现代化的处理来操作基层银行的转账结算业务。

3. 位于"金字塔"尖端位置的是有中央合作银行地位的德意志合作银行

区域性中心银行、其他的合作社和德国政府都是德国中央合作银行的股东。政府仅持有不超过一个百分点的股份占比。中央合作银行主要是保护信用合作社之间的共有利益,服务于基层银行,处理地区银行以外的支付业务,与其他的国家政府和其他机构进行业务往来,在国际业务方面进行接触。

德国的农村金融主要有以下两方面的特征。

1. 合作银行体系是从下往上参股,从上往下服务

(1)基层合作银行组成成员有农民、个体私营企业、合作企业和其他中小企业,为全体参股股东所有。基层合作银行既是区域银行的股东,又是区域银行的客户。

(2)区域合作银行主要由基层合作银行参股组成。区域合作银行是给经营管理机构提供融资中介服务的,并对基层合作银行的业务进行处理。

(3)中央合作银行主要由区域合作银行参股组成,各层次的合作银行之间没有任何从属关系。同时,合作银行体系从下往上募集资金,并从上往下流通资金。

2. 有健全的民主管理体制以及严格的管理制度

(1)各级机构的民主管理体制以及严格的管理制度都很健全,决策更加民主和科学。

(2)审计监督制度和风险防范保护制度都很严格,以确保合作银行可在规范基础上继续发展。

(3)资金融资和资金清算制度都很完善,以确保合作银行体系的流动性、资金的有效性。

(三)日本

日本在第二次世界大战之后,逐步发展起来一个以日本的经济发展模式为基础、日本政府为支撑的比较健全的合作金融模式。主要对象是一些规模较小、具有分散性的农民。表5-3所示是日本的国家扶持型金融体系。

日本是一个土地稀少、人口众多、自然环境相对较差的国家,但日本的农村经济得到了强有力的金融支持,农业生产和农业现代化相对较发达。日本有政策性金融、合作金融和农业保险等农村金融体系,这些体系给日本

的农村经济发展提供了强有力的金融支持。

表 5-3　日本的国家扶持型金融体系

机构类型	机构分类	资金来源	主要业务类型	服务对象
合作金融（政府主导，不以营利为目的，低利率）	农林中央金库	上存款 发行债券	咨询、业务指导及有关服务，存贷款	信农联大型合作经济组织
	信农联	上存款农林中央金库贷款	基层农协存贷款	基层农协（主要）有关企业、大户
	基层农协	农村存款	存贷款、生产、运销、保险	农户（会员）农业团体（会员）
政府金融（辅助）	农林渔业金融机构（农林渔业金融公库）	中央财政、地方财政、金融及地方团体资金	长期低息贷款（基础设施、农业现代化融资）、利息补贴（金融机构农林渔业贷款）	农林渔业生产者

1. 政策性金融系统对农村经济的金融支持

日本的政策金融机构是农业、林业和渔业的金融公库，以下简称农林中央金库。它的建立是为了农民、林业工人和渔民在农林中央金库和其他金融机构很难获得贷款时，向他们提供更低的利率和更长的还款期限的贷款。农林中央金库主要用于土地改造、造林、渔港建设、其他基础设施的融资，以及农业现代化的投资、农业改革基金筹资、大型国内农产品批发市场和交易市场设施建设贷款等。农林中央金库一般是由支付了一定代办佣金的农业协同组合替代办理的，而没有直接进行贷款处理。虽然因为贷款品种和工程的特性不同，农林中央金库的贷款利率也会有所不同，但始终要比民间金融机构的利率更低，其贷款偿还期限在 10~45 年。

2. 合作金融系统对农村经济的金融支持

日本主要通过农业协作系统支持农业的发展。农业协作系统建立于 1947 年，建立的依据是《农业协同组合法》。日本农业协作系统的金融机构组成如图 5-1 所示。农业协作系统是根据自愿和自治的原则登记的。

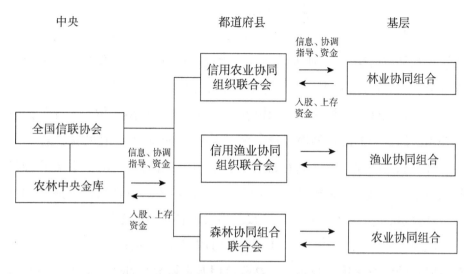

图 5-1　日本农业协作系统的金融机构组成

日本农业协作系统主要由以下三个层次构成。

(1)基础层次是农业协会,针对基层的市町村层面,直接与农民进行信贷合作,却不是为了赚钱。基层的农业协会主要是办理农民的存款、贷款及结算性贷款的业务,还兼营农业保险、供应销售等业务。

(2)中间层次是信用农业协同组合联合会(简称信农联),针对都道府县层面,帮助基层农业协会管理资金,并组织全县范围的农业资金结算、转让和使用的工作。

(3)最高层次是农林中央金库,针对中央层面,帮助农业协会内部融通农业协同组合和其他金融机构融资,组织全国范围的系统内资金融资、交换、清算的工作,根据国家法律、法规运营资金,还为信农联提供指导和咨询服务。

农林中央金库可以办理的业务有办理会员的存款、贷款和汇款业务,代办对农林中央金库委托放款、粮食收购款项、外汇业务。除了向基层机构和中介机构提供服务外,发行农林债券、资本转移周转、部分证券投资业务,也是农林中央金库业务的一部分。

3. 农业保险系统对农村经济的金融支持

1948 年,日本"三级"制村民共存的农业保险制度建立。市町村农业互助组合是基层组织,是农业保险的直接承担者;都道府县设置农业互助组合联合会,是农业保险再保险的承担者;政府主导的农业机构是最高的层次,是互助组合以外全部再保险的承担者。政府为农业保险提供一定比例的高级补贴。溢价补贴的比例根据费率而有所不同,费率越高,补贴就越高。

日本农业保险具有强制和自愿共同参考的特征,规定对关乎国家经济和人民生活的农作物种植和动物饲养、对农民收入影响较大的农业活动强制办理保险,生产的数量超过规定数量的农民和农场都必须购买保险。

此外,1966 年,日本成立了关乎全国的农业信用保险协会,其成员是各都道府县的农业信用基金协会。农业信用基金协会是都道府县的债务担保专业机构。它的业务分为两部分:保证保险和融资保险。保证保险是针对基金协会代还债务中产生的事故的保险,基金协会进行债务保证,向保险协会提交保险通知单,保证保险就依照此通知单办理业务;融资保险是针对农林中央金库、信农联等逾期不还的农业贷款类事故的保险,农林中央金库、新农联发放贷款,向保险协会提交贷款通知单,融资保险就依照此通知单办理业务。虽然此种保险不针对农作物或农业中小企业进行直接保险,但它保证了日本各种农业政策的落实,这些农业政策是以信用风险为目标的、将债权人认定为被保险人,使各种来源的资金流向农业。

4. 法律系统对农村经济的金融支持

日本在很早的时候就制定了农村金融法律。在 20 世纪,日本在明治时代按照《产业组合法》建立了信用合作社。1909 年,修订了《产业合作社法》,使信用合作社有了在日本劝业银行和其他机构进行融资的资格,有了更多的生产途径。1928 年,颁布了《银行法》,这是对银行业务运作的全面监管。1947 年,公布了《农业协同组合法》,作为农业协会及其地方、全国联合会的基础和组成,对日本农村合作金融产业的发展进行了保护与指导。1951 年,出台了《信用金库法》,为信用合作社的重组提供了法律上的依据,时至今日,这部法律也是日本农村合作金融法律体系的重要基准。1952 年,通过了《长期信贷银行法》,从政策上扶持长期信贷银行的业务,此法律规定长期信贷银行主要办理是票据贴现、债务担保、设备基金或长期营运资金贷、票据承兑等业务。1961 年,引入了《农业生产合作社合并法》。1996 年,出台了《金融体系健全法》。1997 年,出台了《关于农林中央金库与信用农业生产合作社联社合并的法律》。2001 年,出台了《关于合作性金融机构优先出资的法律》等金融相关法律。日本将农村金融机构改革的方方面面进行了细分,农业和林业金融机构的健康发展获得了法律体系的大力支持。20 世纪初,日本制定了《牲畜保险法》《农业保险法》等法律。1947 年,日本颁布了《农业灾害补偿法》,这是合并了相关法律后制定的,且以此确定了农业保险的基本经营方式。

(四)法国

法国是第一个建立农村金融体系的。该体系包含了制度化的农村金融机构及政策性的农村金融机构。1894 年,法国成立了农业信贷互助地方金库。1899 年,创立农业信贷地区金库为农业服务,而农业信贷互助地方金库也同样为农业工作。很快,法国又建立了国家农业信贷管理局,专门管理地方金库和地区金库。

法国农业信贷银行、互助信贷联合银行、大众银行、法国土地信贷银行和农业保险等构成了法国的农村金融体系。其中,大众银行、法国土地信贷银行和农业保险等地方性金库采取的是相互合作的模式,法国农业信贷银行、互助信贷联合银行是政策性金融银行,以利润为导向。与美国以农业合作金融为主导的金融模式相比,不同的是,法国是由政府管理和控制的政策性金融模式,政府会对它的运作和发展进行管控。法国发行中短期或长期农业相关贷款,提供一般的或优惠的政策支持,促进农业的发展。一般贷款主要是短期贷款,期限为 2 年以下;优惠贷款以 10~40 年的期限为主,50 年期限的也同样存在,农村电气化、农田水利工程、个人购买房屋和土地都可使用此类贷款。

在法国农村金融体系的完善中,法国农业信贷银行体系起着重要的作用。它的经营模式是吸收存款和发行债券,为农民和农村中小企业筹集资金,以在短期内解决农业生产发展的现金流问题。1885年,法国政府成立了协作性的农业信贷管理机构,解决短期的现金流问题。1920年,法国政府建立了国家农业信贷管理局,并于1926年更名为国家农业信贷金库。法国农业信贷银行的结构是如图5-2所示的金字塔形状。

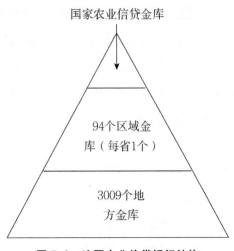

图5-2 法国农业信贷银行结构

二、发展中国家的经验

(一)印度

同中国的情况非常相似,印度也是一个人口基数大、农村经济欠发达、高利贷占比重、其他信贷规模不大的国家。然而,从20世纪60年代开始,印度开始实施绿色革命,在支持农业发展上采取了大量的措施,成果非常显著。80年代以后,在政府的领导下,印度农村金融发展迅猛,由印度储备银行、商业银行、农村合作银行、国家农业农村发展银行、存款保险公司、信贷保险公司共同形成了一个农村金融体系,这个体系已经发展得比较完美。

1. 商业性金融对农村经济的金融支持

印度农村金融中最为流行的渠道是商业银行,然而农民对资金的需求从来没有从其流向农村的信贷资金中获得满足,所以在 1969—1980 年,在《银行国有化法案》的基础上,印度政府实施了两次银行国有化运动,直接对国有银行进行控制,迫使商业银行在农村地区设立分支机构和网点。推广和实施这一政策,导致了印度商业银行对农村地区提供金融服务网点数量显著增加,如 2005 年银行在农村地区的分支机构的数量增加至 47369 个,相较 1969 年增长了 9 倍。这极大地提高了农村地区贷款在银行贷款中的比重,如由 1969 年的 3%以下到 2005 年大约 12%。相应地,这也显著削减了商业银行在农村金融服务的人口数量,如 1969 年每个网络服务的人数是8.4 万人,到 2005 年缩减为 1.7 万人。这不仅减少了商业银行的压力,而且提高了商业银行为农村服务的积极性。

除了直接提供贷款给农民购买抽水机、拖拉机和其他价值比较高的农业机械,以及购买牲畜、发展果园,印度商业银行等机构间接提供贷款给一些农业相关机构,如负责农产品销售和处理机构、土地开发银行、食品采购机构等。1975 年之后,印度政府已设立地区农村银行,该银行是按照《地区银行农村银行法案》而设立的,提供信贷支持给信贷服务能力不强地区的贫困农村家庭,以解决农村地区商业银行机构网点不足且农村金融服务能力低下的问题。在缺乏农村金融服务的每个地区,由一家商业银行承办农村银行,资本金由中央政府认缴 50%,联邦政府认缴 15%,主办商业银行认缴剩下的 35%。它们还可以针对具体的借款对象,给予更低的贷款利率,依照商业原则来运作发行债券,筹集资金,用以向贫苦农民提供贷款,维持其基本的生活水平。

2. 合作性金融对农村经济的金融支持

与中国的农村合作金融机构相似,印度的农村合作银行分为两类:一类的对象只是社员,对其提供短期和中期贷款的信用合作社;另一类是专门进行长期贷款的土地开发合作银行。

(1)信用合作社。它是农民获得低息贷款的主要来源,分为以下三个层次。

①初级农业信用合作社。它是由农民组成的,主要向社员提供期限为1年的短期贷款,利率相对较低,是农村信用合作社的基层机构。它在提供贷款额的同时,还会供应生产资料、销售剩余农产品等给社员。

②中心合作银行。这是一个中层的信用合作社,其业务活动限制在一个特定的区域,主要是其社员在初级农业信用合作社缺乏资金的时候,向初级农业信用合作社发放贷款,起到在初级农业信用合作社和联邦合作银行之间的桥梁作用。

③联邦合作银行。它的成员都是邦内的所有中心合作银行,是合作信贷机构的最高形式。其资金主要从印度储备银行的短期中期贷款中获取,部分个人存款和中心合作银行的准备金也会被吸纳,然后将这类资金提供给它的成员,满足他们对资金借贷的需要。

(2)建立土地开发银行是为了满足农民的长期信贷需求,使农民购买更有价值的农业机械、改善土地、偿还国家债务、赎回抵押土地提供必要的资金供应。它分为两个层次:基本土地开发银行和核心土地开发银行。基本土地开发银行与农民的货币资金进行直接接触。核心土地开发银行主要是连接基本土地开发银行与其他金融机构之间的关系,向基本土地开发银行提供资金支持。

3. 政策性金融对农村经济的金融支持

国家农业和农村发展银行是印度支持农业发展的政策性金融的主要机构。它组建的资金是由印度政府和印度储备银行共同承担的,其业务主要是支农信用贷款,向农村金融机构进行再贷款,监督管理地区农村银行和农村合作银行。

4. 农业保险对农村经济的金融支持

印度的农业保险在降低农业经营的风险方面充分发挥了保险的重要作用,强制从事生产性贷款的农民购买有关农业保险,允许农民依照自己的情况自愿购买牲畜保险等其他保险,采取自愿保险和有条件的强制保险并重的形式。1999年3月开始,实施由印度中央政府开发的、由印度保险总公司实施的农业保险计划。对所有农民来说,一旦从银行获得贷款,就必须参加这个项目,若没有获得贷款,则可以自愿参加。

5. 法律体系对农村经济的金融支持

1904 年,印度政府公布了《信用合作社法案》,从法律上对信用合作社给予了规定。1912 年,又出台了《合作组织法案》,确立了各合作组织的法律地位。1934 年,颁布了《印度储备银行法案》,将其作为中央银行法,将监管范围扩大到农村金融机构,详细对农村金融机构的设立、商业运作和其他方面进行了规定。1969 年,公布了《银行国有化法案》,明确地规定了商业银行必须在农村地区设立一定数量的分支机构,以分配一定比例的贷款来支持农业和农村发展。1976 年,《地区农村银行法案》规定,应在农村信贷服务薄弱的地区设立地区农村银行机构。1981 年,根据《国家农业和农村发展银行法》,印度国家农业和农村发展银行,也就是印度的农村政策性银行成立,从法律上全方位规定了农村发展银行的外部制度安排和内部管理,为农村政策性金融提供了重要的制度保证。在 1938 年公布的《保险法》的基础上,经过几次波折,直至 1972 年,建立一个国家保险机构,由中央政府和联邦政府按比例分摊保险责任,国家全权负责经营管理的费用。1979 年,出台了《农业保险法》,明确了印度的农业保险在法律上的地位。2000 年,印度保险监管和发展管理局颁布了《关于保险人对农村社会的责任》,具体规定了农村保险业务的数量和比例。

(二)韩国

在 20 世纪 60 年代,韩国是一个农村人口比例较高且城市化程度较低的落后的农业国家。城市人口在全国人口中仅占到大概 28%。农村生产力落后,农民收入很低,大量的农民到城市工作。维持生产和日常生活的需要,使得大多数留在农村地区的农民一般依靠传统的借支农村高利贷满足生活,整个农业和农村经济在"贫穷+萧条"的恶性循环中轮回。当时,由于缺乏农业资金和私人债券市场,韩国的农业生产发展缓慢,农民无法摆脱贫困。对于农业和农村经济发展、农民收入增加、农业生产水平提高,资金是达成此目的的一个重要保证。

农业是社会效益高的长期风险产业,但它的平均利润率很低,相对效益也不高。所以,不管是一般的城镇银行,还是商业银行,都不愿意向农民提供贷款。考虑到那个时候韩国农业和农村地区迫切的发展形势,建立农村金融产业势在必行。这个问题迅速受到了韩国政府、专家学者以及社会各界的普遍关注和重视,促使韩国政府及时采取措施,加强农业发展。

1961年,有关农业部门不懈努力,建立一个有综合调整和服务功能的农业协会,通过信贷业务部门负责农村金融产业,并形成了一个相对完整的可称为"制度金融市场"的金融服务体系。该体系由中央农业协会、农业协会信贷基层部门、城镇银行、地方银行、农村金库和互助金融组合构成,到20世纪70年代发展到一定规模,当时的基层农业协会互助金融提供了数额巨大的生产资金和生活资金给农民。

1965年,由高利贷代表的私人债务市场在农民贷款中的依赖度为73%,而由农业协会、城镇银行、地方银行、农村金库和信用投资组合组成的"正规金融市场"在农民贷款中的依赖度为27%。1981年,"正规金融市场"在农民贷款中的依赖度73%,私人债务市场的依赖度减少到27%,反映了农村金融行业的快速发展。

中央农业协会、基层农业协会的金融机构在农村金融机构总数量中占有四分之一的份额,其资金总量达到了73%,成为农村金融行业的主要构成。中央农业协会的金融机构,包括市、县分支,不同于一般的银行,资金来源于非农业部门和非组合成员之中,农业部门和农民获得贷款。基层农业协会是基于互助的原则,资金来源于协同组合成员,组合成员获得贷款。

韩国农村金融体系的特点是,在韩国金融机构中,韩国的农业协同组合的地位是不可替代的。第一,农业协会可加快农村储蓄和筹集资金的速度。第二,通过农业协会发放几乎所有的农业贷款。农业协会的主要优势是农业协会机构小、设置灵活,有许多网点,而且是在基层,他们了解自己的成员的农业活动和经济状况,可以准确地支付贷款给农民,并保证能及时收回。

第三,就是政府与农业协会配合良好,政府提供各种扶持政策,尤其是农业协会发放所有的贷款,几乎成为类似政府部门的信贷机构,农业协会的声誉和威望得到了极大的巩固与提升。

(三)巴西

19 世纪末,巴西产生了农村合作经济;20 世纪 60 年代,其发展达到了顶峰。1962 年 12 月,成立了巴西全国合作总社。其下分为社员人数最低 20 人的基层社、由超过三个基层社构成的中心社和由三个中心社组成的专业社。级与级之间独立运作,独立核算,不存在从属关系。并且在宪法中明确注明农村合作社会这个典型的农村合作经济组织。

巴西农村合作经济组织的主旨是满足其成员的需求,不追求利益的增加,多涉及销售农副产品、仓储、加工、物流、提供日常生活用品、信用贷款等相关的服务领域,成为巴西经济发展中起着举足轻重的作用。

巴西对农业合作经济组织的金融支持,主要体现在农业融资工具的创新上。1994 年之前,巴西农业合作社经济组织主要凭借商业银行信贷融资。为解决农业生产的高风险、高成本、抵押物不足、普遍融资困难的问题,巴西创造了一种 CPR(农业信贷票据)工具,即农产品出售凭证。CPR 工具是一种债券,是一种非标准的合同,它承诺在特定的时间、特定的地点,提供一定数量的凭证,实际上却附加了农产品运输的期限。它以"先实物后金融"为基础,逐步发展:第一初始阶段在 1994—2001 年。国有银行和国有再保险公司积极参与 CPR 工具的担保工作,并帮助促进了 CPR 工具顺利流向市场。在这个阶段,CPR 工具仅限于现货交收的结算方法,是一种单纯的长期合同,它限制了 CPR 工具的流动性,同时也控制了风险。第二发展阶段是2001—2004 年。2001 年,《第 10200 号法》的颁布,标志着 CPR 工具发展成为了"长期合约+债券"的模式,结算方法也增加了 CPR 工具赎回,也就是现金结算这一方法,方便银行业金融机构在 CPR 工具买卖上的参与。第三规范阶段是在 2004 年以后。2004 年,在《第 11076 号法》公布的基础上,进一步加强了 CPR 工具的登记条件,加强了对金融系统中 CPR 工具的风险控制。在此阶段,巴西银行直接在巴西期货市场流通中建立了指数 CPR,改善了 CPR 工具的标准化,提高了 CPR 工具的流通效率。

当前,根据不同的结算方式,巴西有三种形式的 CPR,分别是现货交收 CPR、现金偿还 CPR 和指数 CPR。主要在民间流通的是现货交收 CPR,针对农民和农业大户等小规模的农民生产者。农村合作经济组织主要是发行现金偿还 CPR 和指数 CPR,基本农产品主要是标准化的农产品,例如玉米、大豆。

根据市场统计,从 2003 年以来,每年 CPR 工具的交易量大概是 300 亿雷亚尔,为金融系统注册规模的 10 倍,占巴西农业融资总额的 40% 左右。CPR 工具是连接民间融资和正规金融的桥梁,为农业开通了直接的融资渠道,特别针对农村合作经济组织,发挥了作用。CPR 工具分散了农业风险,稳定了农产品价格,增加了农业相关融资,并形成了一个成熟的操作体系。

(四)孟加拉国

孟加拉国是南亚的一个大型农业国家,面积为 147570 平方千米,有 1 亿 6 千万人,人口密度为 1251.8 人/平方千米,是世界上人口密度最高的人口大国及世界最不发达国家之一,但在农村合作经济和贫困农民的金融支持方面,有其独特的发展之道。

1912 年,孟加拉国颁布了合作社法。1948 年,孟加拉国合作社银行被定为全国合作银行的管理银行。在 20 世纪 80 年代,孟加拉国农村合作经济得到了真正意义上的发展,粉碎了传统的农村合作经济体制,构建了一个新的农村合作经济体系,也就是双层农村合作体系。1982 年,由孟加拉国地方政府和农村发展合作部牵头,孟加拉国农村发展委员会成立,负责建设、管理农村合作体系。有效的培训机制(合作领导机制)是双层农业合作社制度最重要的特点。地方政府和农业发展中心负责培训由全体成员选举产生的合作社的领导,在基层农业合作社的每周例会上,合作社的领导将所学知识和政策传达给成员,成员将自己的闲散资金存入合作社,并就合作社的发展提出建议。合作社领导对合作社成员所要求的贷款数额进行统计,安排贷款和收集处理问题,改善合作社的日常管理。

孟加拉国是世界上最贫穷的地区之一。在建立格莱珉银行以前,孟加拉国农村合作经济组织和农民主要通过借高利贷来满足自己的金融需求。孟加拉国的农村经济发展速度慢,农民的生活非常贫穷。1974 年,格莱珉银行(也就是孟加拉国乡村银行)成立,实施小额贷款的模式,使农村合作经济组织和农民的金融需求得到满足,获得了极大的成功。孟加拉国成为世界上最早实行农村小额金融的国家之一,并逐渐成为世界上最大的农村小额信贷运动基地。这种金融方面的创新引起了全世界的广泛关注,并被各个国家和地区纷纷效仿,在全世界范围内逐渐推广开来。

格莱珉银行主要是为贫困群体,尤其是农村贫困妇女和农村贫困地区的发展艰难的合作经济组织服务的。主要职能是提供存款、发放贷款和办理保险等。资金的主要来源是贷款人自己的存款。主要的经营方式为:①农村银行向客户提供短期贷款,按周分期偿还贷款,没有担保,其利率比正规金融要高,却大大低于高利贷利率,可有效防治富裕者从中套贷。②贷款项目主要针对农业生产项目,这类项目现金流通更快、收益率更高,用来保证有足够的项目现金流,借款人能够及时还款。③借款人成立互助小组,5 个穷人或 1 个农村合作经济组织的所有成员共同结成贷款互助小组,6 个贷款互助小组形成 1 个贷款中心,组内的成员若有不良的信用记录,整个小组的贷款数额就会降低,利率也会高于其他。④每周定时举行会议,每个小组将派一个代表到高一级的贷款中心参与会议,并在会上偿还各小组在上个周次的借款,也可以在会上交流经验教训。⑤该地区的资金只能在该地区内流通,不允许资金流出本地区。⑥责任分到个人头上,提高服务目标。明晰农村银行工作人员的责任,每个工作人员负责 10 个贷款中心、400 个借款人的业务服务,主动联系贷款人,上门服务。⑦坚持商业运行机制,贷款利率随市场平均水平变动,充分考虑行业的发展趋势和潜在的风险,实行灵活适度的浮动利率制度。

格莱珉银行一开始是由政府和民间团体出资建立的,自 1995 年以来,政府没有提供任何资金,也不需其他机构出资。1998年,它实现了真正地独立运作,国家在其中仅象征性地占有很少一部分,而绝大多数的股权是由存款客户所持有的。到目前为止,农村发展银行已经发放了160多亿美元贷款,贷款客户达到了860多万人,大量的贫困农民和农村合作经济组织依靠格莱珉银行摆脱了贫困,贷款偿还率高达98%,这是任何金融机构都难以实现的。孟加拉国的格莱珉贷款模式已经成为发展中国家的农村金融支持典型,这一"信贷扶贫"模式得到了世界的认可。

第二节　国外农村金融支持农村经济发展的启示

通过分析和研究美国、日本、法国、印度、孟加拉国等国家的农村金融支持体系,可以看出,发达国家已经建立了一个良好的农村合作金融支持体系,而发展中国家仍在探索和寻找有自身特色的正确的发展路径。发达国家在农村合作经济金融体系的建设中积累了大量宝贵的经验,发展中国家的农村金融实践中也产生了一些适合自身的方法措施。这些国家的探索,使中国农村合作经济金融支持体系的发展之路更近了一步,中国可以从中获得重要的启示。

一、政府扶持作用明显

农村合作金融是金融机构中最常与农民、农业打交道的,且大多是在农村设置,在农村合作经济的金融支持中起着相当重要的作用。因此,发达国家对农村合作金融的发展给予了特别关注。

在美国,农村金融体系中的合作金融地位较高,起着统领全局的作用。联邦中期信贷银行是由美国政府出资建立的,主要业务是帮助农民进行中短期的贷款以及解决以往贷款过程中的困难,是美国最重要的农业信贷合作体系。国家金库还会拨付款项给其他具有农村合作性质的金融机构部,用以维持其运作。

在法国,农村合作金融的发展也是很强劲的。首先,随着农村商品经济的发展,农村经济逐渐变得社会化,发展也更加专业化,农业相关行业之间的经济交流也得到了加强,业务的增多需要通过专业的农村金融机构来办理相互间的往来总结、核算。其次,法国大多数的小型农村合作经济组织因其自身的结构特点,不具备强大的经济能力,资金周转能力也弱,对建立农村信用合作社,期望从中获得资金来满足生产需要有着强烈的迫切感。从20世纪60年代开始,法国农村合作经济在变强大的道路上离不开农村信用合作制度对它的积极引导作用。

在日本,政府也是加大了农村合作金融方面的支持力度。政府主要依靠合作金融来实施措施,提供一系列政策性长期贷款、降低利率、信贷担保等资金扶持服务,使合作金融在农村经济的发展过程中变得更加牢固。同时,日本建立了农业信用保险制度,有需要时可进行基金调配,强化了合作金融支持的作用。

发展中国家在农村具有合作性质的金融方面并没有达到成熟的状态,与发达国家相比还差得很远,对农村经济的支持作用还远远不够,甚至在政府的支持方面没有得到足够的重视,使得农村合作经济没有向前行进,反而走起了下坡路。

二、金融支持主体多元

提供金融支持的机构来自多个行业,融资的来源也不断增多,都促使农村合作金融支持体系迈向成熟完整的发展方向。

在发达国家,美国农业金融体系中,不仅有如政策金融机构、商业金融机构、合作金融机构存在,还有如财产保险、人寿保险等保险机构存在,种类庞大,体系成熟。这些机构彼此之间相互合作,在促进对方的发展过程中,自身也得到极大的发展,是一个双赢的体系。每种金融机构都清楚地找准自己的市场位置,采取有效的方式分享市场上的蛋糕,致力于开发更新的金融产品,提升工作人员面对客户的服务能力,同时引进先进成熟的管理模式对机构进行管理。

法国的农业信贷银行体系也独具特色,具有不同层次划分的组织结构,涉及的业务也是方方面面的。将这一体系划分为三个阶层,由低到高依次是:地方性农业互助信用合作社、省级农业互助信贷银行、中央农业信贷银行。方向性农业互助信用合作社和省级农业互助信贷银行是由非官方的私人之间相互合作管理的,中央农业信贷银行则是官方的由政府直接进行管理的。这些金融机构主要是通过吸收存款、发放债券以及增持股金筹集资金,供应包括农业生产贷款、农产品加工贷款和农村住房贷款等金融产品的资金需求。

在发展中国家,印度政府已经建立了一个层级关系明确、涉及行业全面的农村金融支持体系。该体系涵盖了印度大部分的农业相关金融机构,如地区农村银行、印度商业银行、农业信贷协会、国家农业农村开发银行、土地发展银行、印度储备银行、信贷保险公司等,各个机构积极开发自身优势,提升自身潜能,推进该体系的良好发展。

三、金融市场发展成熟

(一)金融产品创新独特

孟加拉国成功运行小额度的农村贷款,在中国农村合作经济的金融支持发展方面有比较成熟的指导价值。

1. 风险管理模式独具特色

(1)对于团体范围的贷款,随机将某些贷款人划分到统一贷款小组内,而小组成员相互承担联合担保和监督的职责。

(2)建立跟踪激励机制,小额贷款的组织是否继续贷款给借款人以及能够发放多少金额的贷款给借款人,取决于借款人的信用高低以及过去是否有不按时还款或不归还应还额度等不良行为发生。

(3)借款人在信用体系中有较高的分数,可对其提高贷款的额度。

（4）实行分期付款，允许替换抵押物或担保方式。

（5）借款人必须在规定周或月的期限内用等值的物资还款。

（6）在借款人没有办法提供符合规定的抵押物时，可以使用组织提供的抵押物来进行替代。

2. 利率定价方法不拘泥形式

小额信贷机构根据借款人提供的详细信息以及借贷相关人员的资料自行决定利率的高低。一般的小额信贷在交易过程中会产生大量的消耗，贷款无法收回的风险也比较大，因此，它会订立一个比较高的利率，才能保证机构营利。

面对金融市场上广泛存在的贷款还款困难的情况，巴西建立了有自己特色的 CPR 工具来应对这类问题。该工具是从实体经济向金融投资的方向一步一步发展应用的。CPR 工具作为联系民间金融和正规金融之间的纽带，开通了一条绿色的借贷通道，满足以农村合作经济组织为中心的农业生产经营实体的融资需要，使农产品的价格保持在一个相对稳定的状态，保证农业生产成果的市场机制体现，同时增加了农业相关方面的贷款，使金融市场的运作保持在一个健康稳固的状态。

（二）农业保险体系完备

在世界各国农村合作经济的金融支持体系中，来自农业保险的支持是不可或缺的。各国政府对农业保险非常关注，因为它对稳定农村合作经济的发展有非常重要的作用。

在发达国家，农业保险一般不由政府直接发行，更多的是采取政策性的农业保险制度，并允许商业机构共同参与经营。美国的风险管理局主要是管理和控制全国范围内的农业保险，基于政策的农作物保险也在其经营范围内。私营保险公司同样拥有农业保险的经营权，为获取该经营权，必须遵循以下操作步骤。首先，企业与风险管理局签署一项协议，在协议中承诺按照风险管理局的每项规定行事，然后，作物保险的代理人和调查核损的负责人进行具体业务的操作。由于私营保险公司并不具有国营保险公司那样强大的后盾,并不能经营所有品种的保险业务,一般来说,农作物的暴风险、冰雹险,养殖业保险和农民私人财产保险等是其能够经营的主要险种。

日本和法国在政府的支持下建立了政策性保险机构。日本建立了市、町、村一级农业互助联盟以及都、道、府、县一级农业互助保险联盟。法国建立了一个由政府占大部分的农业互助保险集团,在业务范围方面,政策性保险公司与商业性保险公司是不同的,这点必须要注意。集团还实行强制性购买与自愿性购买共同存在的保险政策:虽然政府不参与保险的经营,但是针对一些关乎国民经济的粮食作物要求强制购买保险,同时会按照规定的比例补贴给农民保费;而对于另外那些对国民经济不存在太大影响的经济作物,则允许其自行决定购买保险与否。

在发展中国家,却是与发达国家相反的,国家会直接参与到农业保险的运作中。这类农业保险不是为了追求利益,它是由政府提供财政支持的,与农民和农村中小企业一起分担农业生产的风险。

(三)农业担保体系完善

发达国家通常是政府部门直接出面,为农村金融提供直接担保,或者通过自建和与社会商业机构合理组建专业担保机构,为农村金融提供担保,这样就可以为不符合商业贷款条件的农村合作经济组织和农民提供信贷支持,在一定程度上解决农村合作经济组织在最初阶段的借贷困难问题。

法国通过当地农业局的担保,隶属于法国农业贷款集团的地区银行营业网点可以直接向农业合作社提供农业和副业产品的购买资金,以确保农民在收到农产品后,在规定的日期内,按照约定的价格,向农民全额支付购买资金。由日本政府、农林渔业信贷基金协会和农林中央金库共同出资建立农业、林业和渔业信贷基金,以及农林中央金库提供借贷的保险险种,以支持其发放贷款给借款人。

(四)金融政策法律健全

农村合作经济发展,在得到法律保障的情况下,金融体系能够有规律有效地运行。支持农村合作经济的美国金融体系已经有了一个十分完善的法律体系。比如,美国颁布《联邦农业贷款法》《农业信用法案》和其他法律,以及在其他相关的法律体系融入农村金融,使农村合作经济金融支持体系在一个合法合规的社会环境中运行,更因此免除了不规范现象,如行政干涉等的干扰。日本和法国也建立了一个良好的农村金融支持法律系统。作为一个发展中国家,印度高度重视农村合作经济和金融制度的法律建设,颁布了《印度储备银行法案》《银行国有化法案》《地区农村银行法案》和许多其他法律,监管和保护农村合作经济体系的健康、稳健发展。完善的法律保障,为农村金融体系提供了制度保障,而且保障了农村合作经济的金融支持的连续性和一致性,降低了外部因素对农村合作经济的影响,稳定了农村合作经济的发展。

第六章

提高农村经济发展的金融支持对策

根据中国农村经济发展的趋向以及国际经验的启示,我们应该放眼国际,聚焦中国农村经济发展的现实问题,根据国家的发展战略,提出支持农村经济发展的金融支持政策,以求促进中国乡村振兴。为此,我们将从以下几个方面提出相应的对策建议。

第一节　促进农村金融制度的改革

为满足中国农村地区分散、主体层次差异较大的金融需求,中国农村经济需要在开放的金融市场中进行多元化的改革。所以,在目前的农村金融制度改革的基础上,先要考虑中国农村金融的发展进程及其生成的前提条件,再根据经济制度变迁、产权结构变化及生产方式改变等现实条件,创新与改革中国农村金融支持体系,以支持中国农村经济的发展。为此,我们建议:

一、放宽农村金融市场准入门槛

（一）放松农村金融市场的准入限制

为提高农村市场的竞争性,应积极引进包括非政府组织的小额信贷以及其他民间资本构成的不同种类的金融组织。鼓励民间资本设立私人银行、合作银行、信用合作社或者是合作基金等金融机构,以便使良性竞争的情况出现在各种农村金融制度的安排上。良性的竞争能够提高生产效率,增加金融服务的有效供给,并促使金融机构按服务产品的不同提供成本定价,因此不同层次的金融服务将会通过不同的金融工具来满足其需求。尤其是在农村金融市场开放之后,应该准许并鼓励农民自己建立一个以农村社区为基础的互助合作组织,在农村集体经济组织改革的基础上,依照当地的经济形势对农村金融组织进行革新。在这种形势下,可以尝试建立一部分以农村社区、产业集聚地为单位的信用合作社,由村民进行民主投票管理,其目的不是营利,而是能够更有效地执行政策性业务,全面实施法律监督职能,确保内部监控的时效性,以防止基层政府进行不同形式的行政干预。

(二)放松对农村民间金融组织的压制

目前,农民资金借贷情况比较普遍,但由于多方面的原因,农村正规金融机构普遍存在金融机构网点少,覆盖率低,供给数量、质量不足,在农村地区的信贷资源配置相对有限等问题。而农村大量的民间资本参与投资,其"快速、小额、短期"的优点在很大程度上缓和了这些情况导致的农村投资需求的矛盾,在满足农民的日常资金需求方面也发挥了极大的作用。

然而,当前的地下金融活动较为常见,也就更需要引导民间金融走合法的路径,并自然地促使许多不合规定的隐形金融活动规范化,逐渐正确引导,科学管理,促进农村金融市场的规范。这就需要健全相关的法律法规来监督民间的借贷活动,保护合法的农村金融活动,严厉打击破坏正常金融秩序的地下钱庄、高利贷等金融行为。农村民间金融的发展需要有一个宽松的金融环境。放松对农村民间金融组织的压制的先决条件是要有一个良性发展的农村市场竞争环境,基于农村金融市场的需求,实现农村金融的利率市场化,进一步扩大存款和贷款的利率浮动范围,循序渐进地开放对农村金融利率的管控,以便在更大的范围内浮动利率,合理配置农村的资金要素,优化农村的资金供给和需求结构。

二、建立农村金融市场退出机制

作为一个金融机构和组织,必须具有流动性、营利性和安全性。目前,广大农村地区仍有一些产权不清、经营不善、管理有问题的金融机构,这些金融机构存在不流动、无营利能力、安全性不足等问题。对于这样的金融机构,应将其淘汰出金融市场,否则就只是在掩饰矛盾,并没有解决矛盾。在保证农村金融秩序能够平稳运行的同时,保障存款人以及工作人员的利益不受损失,就要用合理合法的方法使它们顺利地退出农村市场的金融领域。在放松农村金融市场准入限制的同时,应当制定相应的退出法规,以便金融机构能够依法退出农村金融市场,并且通过试点检验和持续改善相应法规。具体的处理需要循序渐进的方式,一步步有序地进行资产的清产核资、资金冻结以及清产退出的工作,也可以市场为手段进行并购处理,否则无法准入金融市场。农村民间金融机构需自行承担风险且盈亏也由自身承受,严格按照市场机制来运作,将运转不灵、资不抵债的农村金融机构进行破产清算,以促进农村金融市场的良好运转。

三、明确农村金融机构的产权

中国未来的农村金融市场应该是一个由商业或合作制,或国有股份制,或民营且在产权明晰、权利责任分明的基础上进行股份制改造的金融机构组成的具有高度竞争力的金融市场。之前的分析中,我们认为影响市场定位、经济效益和为"三农"服务的最根本原因在于产权问题的农村金融机构内部治理上。所以,农村金融机构的内部治理首先要加强产权制度的改革,促进治理结构的完善。我国农村金融机构产权制度的改革虽已全面铺开,但根据现行的试点计划来看,不管是同一法人的农村信用合作社,还是农村合作银行,每个股东所持有的股份比例都过低。银监会在《关于农村信用合作社以县为单位统一法人工作的指导意见》中明确规定:单个自然人投资(包括资格股和投资股,下同)最高不超过股本总额的5‰,职工持股总额不超过股本总额25%,自然人持股总额不得少于总股本的50%。单个法人投资最多不超过股本总额的 5%;投资股和资格股均实行一人一票。每个股东所持有的股份比例过低,以致股东监督农村金融机构经营管理的热情并不高,农村金融机构被内部控制的局面就不会改变。所以,必须要逐渐放宽对农村金融机构中每个股东所持有股份比重的限制,加强股东对农村金融机构的监督作用,使得股东的权利和义务相一致,调动股东的积极性,发挥他们应有的作用。与此同时,要制定金融机构的控股股东法,以对大股东进行直接监管。

在治理结构过程中,国有股权资本必须建立一个适当且有效的委托代理机制,以保障国有资产的保值与增值;还应建立一个能适应市场经济需求的现代公司治理结构,例如,完善股东代表大会、董事会和监事会制度,明晰理事长、监事长、主任(行长)按各自的职权范围,分工合作,相互制约,充分发挥这一新型法人治理结构的长处,并有效地提高自身经营管理水平,协调好股东与管理者之间的利益均衡。

第二节　构建农村金融支持体系

一、深化农村合作金融的改革

(一)促进农村合作金融组织的创新

随着农村合作银行的出现,过去的合作金融仅有农村信用合作社的单一模式发生了一系列改变,使得农村合作金融组织体系的创新延伸出了新的发展方向。然而,大多数农民并不是联合一体的,其行为具有独立分散的特性,当前的合作金融组织很难满足他们分散的需求。因此,合作金融组织的创新,需要打破过去合作金融组织只允许由金融机构承办的框架,依法引进社会各行业、各单位、各经济主体参与构建合作金融组织,推动发展农民以及资金的互助合作金融组织,有效地整合农民手中的闲散资金,实现合作互助,吸引更多城市工商资本流入农村,并通过构建农村资金回流、城市资本逆流的长效机制来建立发展竞争性的农村金融市场,促进其健康发展。

（二）促进合作金融机构法人治理结构的创新

合作金融机构法人治理结构应当科学地反映所有者、经营者和受益人之间的关系,建立健全的权力机构、管理机构以及监督机构,明确这三者之间的权利责任关系,相互独立、相互制约。因此,我们要重点关注下列几方面的改革。

1. 完善股东大会制度

在"股东大会—董事会—管理层"的三层公司治理结构中,股东大会是企业经营管理和股东利益的最高决策机关,不仅要选举或任免董事会和监事会成员,而且企业的重大经营决策和股东的利益分配等都要得到股东大会的批准。但是,股东大会自身并不参与和直接介入企业的生产经营管理,但从职责上而言,对公司的重大战略和投资计划具有决策权,能够提高资源配置的总体效益。所以,必须落实股东大会制度,重大决策事项必须经过股东大会的讨论决定,否则无效。

2. 厘清董事会与管理层的关系

从职能位角度分析,在现代公司治理结构中,董事会处于中间层,上受控于股东大会,下控管理层,同时还受到监事会和董事会内部的监督,是连接股东大会和管理层的桥梁,在公司治理结构中处于核心地位,是公司治理结构中众多委托代理关系指向的共同结点。

很多金融机构进行改制以后,建立了相应的董事会与管理层相互独立的现代公司治理机构,但通常董事会与管理层高度重合,虽然在一定程度上降低了管理沟通成本,但也制约了所有者与管理层之间的制衡功能,通常,管理层逐渐被边缘化,并没有形成真正有效的现代企业治理结构。因此,必须明确董事会与管理层的权责边界,减少董事会与管理层之间的双重任职。董事会与管理层高度重合,虽然在一定程度上降低了沟通成本,也将所有者与管理层的矛盾暂时掩盖在"高效、和谐"的表象之下,但两者之间的协助和制衡作用也没有得到充分的发挥,管理层逐渐被边缘化。

3. 建立名实相符的监事会制度

监事会指由股东大会或职工大会选举产生的独立行使监督公司业务执行状况、财务状况和其他公司重大事务的权力的公司法定必设专门监督机关。它是公司法人治理结构的重要组成部分。监事会往往与股东大会、董事会共同组成公司内部权力机关来对公司进行治理,是法人机关权力制衡机制的重要组成部分,是维护公司健康、稳定发展的保证。公司的经营决策执行与监督必须分别由独立的机关来行使,这样,在公司内部就出现股东大会、董事会和监事会的三足鼎立之势,它们分别行使着公司的经营决策、执行与监督的权力。

党的十九大对完善金融体制、加强金融运行机制建设等做出了总体部署,这些都与金融机构监事会密切相关,也为进一步完善监事会工作体制和机制指明了方向。金融机构监事会应在"增强独立性、提高有效性和权威性"上进一步探索,以促进金融机构进一步提高竞争力,更好地服务于实体经济。

4. 建立一个有效的管理层激励机制

工资和其他货币性薪酬是企业管理层追求的直接目标。近年来,随着我国市场经济的不断发展,中国金融机构的管理层货币薪酬水平不断攀升,不过,与西方发达国家的金融机构相比,仍然存在较大差距。为了促进金融机构发展,应减少管理层货币薪酬的固定部分,扩大管理层货币薪酬中与业绩挂钩部分的比例,使绩效成为决定管理层货币薪酬的关键因素,从而提升货币薪酬的激励效应。同时,对高级经营管理人员,可以实行股票期权制度。国际经验表明,股票期权制度是长期激励的有效形式,也可以采取年薪制,但应正确处理工薪内收入和工薪外收入的关系。基于股权薪酬的显著激励效应,应该不断完善管理层持股的相关法律规范,逐渐提高股权薪酬等中长期激励的比重,从而实现管理层目标与所有者目标相一致,并有效调动管理层的工作积极性和主动性。

但是,如果不考虑高管的经营能力、努力程度以及所管理企业绩效的特殊性,而实行整齐划一的薪酬管制规定,不仅会降低企业业绩与高管薪酬的相关性,扭曲高管薪酬的激励效应,而且会增加高管与政府讨价还价的能力,进而提升管理层权力。在显性薪酬受到管制的背景下,管理层权力的膨胀可能会导致较高的在职消费,甚至是严重道德风险问题的发生。因此,应合理运用各种激励制度,在金融机构内部建立一个有效的管理层激励机制,从而提高管理绩效的评估目标,充分调动管理层热情。

(三)促进合作金融机构产权关系的创新

产权的清晰,是以明晰农村金融机构现有产权所属为基础,进一步增加资本,扩大占股比例,实现股权结构多样化,投资主体多元化,增加资本金的充足率。具体操作方式如下。

(1)给予入股员工贷款优先、利率折扣等优惠,以吸收更多员工入股。

(2)调整股权结构,制定法人股和投资股之间的比例,吸收更多的农村专业户、农村个体工商户成为部分法人股。

(3)增加股票的数量,适当增加内部员工的股份,在防止内部人员操纵的情况下,使员工的切身利益与金融机构的利益紧密联系。

(4)大力增加董(理)事会、管理团队和监事会成员的入股额度,使董(理)事会的决策、管理团队的执行、监事会的监督与其切身利益密切相关,充分调动成员的工作热情和主人翁精神,实现"权责清楚、运转高效、内控有力、经营良好"的目标,增强农村合作金融的活力与生机。

(四)促进合作金融机构服务范围的创新

(1)我们应该把重点放在经营机制的转换上,主动宣传农村金融政策,让农民了解国家政策,了解贷款业务流程,解除需求不足的金融抑制,充分发挥农村金融扎根基层、熟悉农村的特点,要提升金融服务的专业性和对农民工作的热情,提供多元化、个性化、灵活性的融资服务,满足农民对小额信贷的需求,解决生产经营,甚至生活中的金融难题。

(2)扩大信贷对象与贷款范围,加强对社会主义新农村建设的投入。贷款要能够覆盖所有农民,满足贫困型农户的脱贫需求、普通农户的农业种养资金需求、新型农业经营业主的产业发展投资需求、农民工回乡创业的启动资金需求,带动农户脱贫致富,全面发展,不仅如此,农村集体经济组织也要纳入信贷对象,配合国家发展壮大农村集体经济发展的需要,鼓励股份化等农村集体经济组织提高对资本、土地、人力资本等生产要素的配置效率,唤醒农村沉睡的资源性资产价值。

(3)加快建立完善农村金融市场的有序竞争。市场竞争是提升服务效率的重要方式。对农村金融市场而言,规范性和竞争性互为良性发展。主要政策包括利率的风险定价机制、独立核算机制、高效的贷款审批机制、激励约束机制、专业化的人员培训机制和违约信息通报机制在内的"六项机制"。与此同时,将农民小额信贷及联保贷款机制的实施范围逐步扩展至农村私营、民营中小企业的信贷方面。并且根据当地产业优势、农村发展规划以及乡村振兴战略布局,重点投入资金到已有优势产业上,建立以农业产业链为融资对象的产业链金融,促进现代农业快速发展。

二、扩展农村政策性金融的职能

在发展中国家经济起飞的过程中,政策性金融是不可或缺的。它是世界上广泛使用的一种重要的支持手段,符合世界贸易组织的要求。它的本质是准财政,它是财政和金融手段的有效结合。政策性金融的基本功能是配合国家经济发展总体规划,支持重点产业与地区,促进国民经济的整体发展。正如前面提到的,中国当前的农村政策性金融机构——农业发展银行在促进农业和农村经济发展的过程中,起到重要作用。

(一)拓宽农业发展银行的业务范围

现阶段,农业发展银行的业务范围还不能满足新农村发展的需要。

不可否认,在国家连续多年"一号文件"的引导下,农村发展银行为中国"三农"发展做出了重要贡献。如今,进入乡村振兴发展阶段,应该以金融创新推动乡村振兴,全面提升农村金融服务水平,加快建立广覆盖、可持续、有序竞争的现代农村金融体系,建立符合新型农业经营主体需要的产业链金融,促进农村产业兴旺;打造良好的生态环境,完善农村金融基础设施建设,加强金融支付网络建设,积极发展现代金融,提升普惠制金融的服务效率;加快建立农村信用体系建设,推进村镇银行、社区银行等金融机构的互动,建立农村金融生态网络。

(二)扩展农业发展银行的资金来源渠道

当前,农业发展银行的资金主要来自中国人民银行的再贷款和中央财政拨款,然而不能仅仅依赖于这类资金,毕竟它的缺陷比较明显,发放的资金量小,而且银行在抵抗风险方面的能力也不强。面对即将来临的改革浪潮,扩展资金的来源渠道、完善资金的封闭运行方式,将是农业发展银行改革的措施之一。可以从这些方面来扩展资金来源渠道。

(1)代理农业保险业务。根据保监会统计数据,2007—2016 年,我国农业保险提供风险保障从 1126 亿元增长到 2.16 万亿元,年均增速 38.83%。农业保险保费收入从 50 亿元增长到 417.12 亿元,增长了 7 倍;农业保费收入从 50 亿元增长到 417.72 亿元,政府补贴比例均在 50% 以上。农业保险开办区域已覆盖全国所有省份,承保农作物品种达到 211 个,基本覆盖农、林、牧、渔各个领域。目前,我国农业保险业务规模已仅次于美国,居全球第二、亚洲第一。然而,从保险领域看,仍然存在"种强养弱"的局面,因此,根据《商业银行代理保险业务监管指引》的通知,规范代理农业保险业务,能够有效拓展银行的资金来源,通过银保互通业务创新支持农村经济发展。

(2)发行上市流通的金融债券。金融债券是由银行和非银行金融机构发行的债券。在中国及日本等国家,金融机构发行的债券称为金融债券。金融债券能够较有效地解决银行等金融机构的资金来源不足和期限不匹配的矛盾。债券在到期之前一般不能提前兑换,只能在市场上转让,从而保证了所筹集资金的稳定性。同时,金融机构发行债券时可以灵活规定期限,比如为了一些长期项目投资,可以发行期限较长的债券。因此,发行金融债券可以使金融机构筹措到稳定且期限灵活的资金,从而有利于获得长期稳定的资金来源。比如可以借鉴商业性银行的做法,如 2017 年 10 月 26 日,交通

银行在全国银行间债券市场成功发行第二期 200 亿元绿色金融债券,期限
3 年期,票面利率 4.29%,四天时间内募集资金全部到账。但也应注意到银
行作为中介机构代为发售的企业短期融资债券的风险问题。2017 年 11 月,
丹东港百亿债券违约,浦发银行等多家银行深陷泥潭。

(三)建立政策性金融的财政补偿机制

政策性金融是一个需要提升到国家经济社会发展战略层面来重视和加
以正确处理的问题。政策性金融是政府针对"市场失灵"参与资金与资源配
置的特定途径,可以降低实现国家战略与政策目标的社会成本,促进经济发
展与社会公平,在我国贯彻后来居上的现代化赶超战略的过程中,建立政策
性金融具有历史必然性。就"三农"领域而言,政策性金融工具的运用主要
是指运用财政杠杆,撬动金融和社会资本。运用担保贴息、政府与社会资本
合作、政府购买服务、以奖代补、民办公助、风险补偿、投资基金等措施,撬动
社会资本投资农业。2016 年国家投入的资金规模超过 1.8 万亿元,2017 年
预计超过 2 万亿元。由此带来的社会资本投入不可估量。2017 年中央"一
号文件"也重点提出支持农村金融创新,弥补"三农"领域的数万亿元资金
缺口。

(四)明确政策性金融的经营宗旨和经营原则

政策性金融虽然同其他资金融通形式一样具有融资性和有偿性,但其
更重要的特征却是政策性和优惠性。政策性金融内涵的界定主要体现在以
下本质特征:政策性,主要是政府为了实现特定的政策目标而实施的手段;
金融性,是一种在一定期限内以让渡资金的使用权为特征的资金融通行为;
优惠性,即其在利率、贷款期限、担保条件等方面比商业银行贷款更加优惠。
这三个本质的特征充分显示了政策性金融同财政和商业金融的区别。

政策性金融机制并不是完全同市场机制相反的行政机制,具有财政"无
偿拨付"和金融"有偿借贷"的双重性,是两者的巧妙结合,而不是简单加总。
这就决定了政策性金融的经营宗旨和原则主要表现为三点:一是贯彻执行
国家产业发展的战略部署。以农村政策性金融为例,主要是要以"三农"问

题为核心,为农村经济发展提供资本支持和金融服务。二是不以营利为目的。政策性金融机构必须按照国家产业政策开展业务,不能以营利为目的,财政有必要为其提供资金或是为其寻求资金创造条件,政府必须在其中起主导作用。三是完善组织体系,引入竞争机制。作为金融体系,如果进行有效运转,必须具备完善的组织机构体系。坚持精简、高效的原则,设立、撤并、改变政府委托商业银行代理,引入竞争机制,同时完善相关的法律法规,保障与规范政策性金融机构的运作流程,这样才能提升农村金融体系的运作效率。

三、增强农村商业性金融的支持力度

通过税收政策的吸引,引导商业性银行在农业与地方社区分配一定比例的资金。中小企业在农村经济中是主要部分,从一般国家大型金融机构的风险管理程序来看,寻找到适宜的贷款对象需要很大的搜寻成本。然而在社区范围内的中小企业和某些农业方面的项目还是允许贷款的,因为银行可以去了解创业者和经营者的情况,自身又比较熟悉本地市场,还可以对企业生产经营进行跟踪服务。因此,有必要将县域的分支机构下沉到社区,结合农村的社会机构变革,成立社区银行,发挥其熟悉客户的优势,降低融资双方由信息不对称带来的事前交易成本,加强社区为主体的农村金融服务力度。

(一)增强中国农业银行支持"三农"的力度

2016年中央"一号文件"明确指出,深化中国商业性银行,尤其是中国农业银行、农村商业银行的"三农"金融事业部改革,加大"三农"金融产品创新和重点领域信贷投入力度。作为一个来自农村,连接城市与乡村,致力于服务农业、农村和农民的大型商业银行的中国农村金融机构,应该抓住这个巨大的政策和市场机缘,发挥自身熟悉农民、农村、农业以及熟悉现代化金融这一优势,在未来乡村振兴过程中,在城乡融合发展过程中发挥更大的作用。根据中国农业银行的统计,截至2014年末,农业银行支持专业大户

（家庭农场）14 万多户,贷款余额达 174 亿元;农业产业化龙头企业贷款 1.8 万家,贷款余额达到 16982 亿元;同时,积极开展农机融资租赁、推出奶源贷、油茶贷、烟农贷、安居贷等新型金融产品。中国农业银行还积极开展银担合作,与 854 家担保公司建立了合作关系。未来,中国农业银行在"互联网+农村金融"领域搭建系统和平台,与电商平台合作,从农产品种养管护、初级加工和物流配送到营销服务,建立全产业链的金融支持,这样可以提升农业生产效率,更重要的是沉淀资金、托管理财、回收贷款,增加农户收入,提升金融服务的科技含量。

（二）鼓励各类商业资本进入农村金融领域

目前,中国农村金融根深蒂固的竞争力不强、缺乏活力等问题依然存在。即使整个银行业的资金流动性过剩,有资金需求的农村地区仍然缺少金融的运行渠道,这就有必要进一步改善农村金融机构体系、金融监管体系以及金融市场体系,鼓励商业资本进入农村地区的金融市场,吸收城市的资源到新农村建设上。监管部门可以在法律或规范性文件上明确规定,农村的商业性金融提供机构要在农村投入一定比例的信贷资金,这个比例的影响因素包含在其农村地区吸收存款的数量、平均回报率以及其他相关因素。

在此之外,应明确规定邮政储蓄银行必须在农村开展信贷业务,建立相应的资金回流机制,充分依靠和发挥在网络上的优势,为广大农村地区的农民提供基本的金融服务,支持社会主义新农村建设。

四、规范农村非正规金融的发展

在我国广大农村地区,正规金融组织严重不足,这为非正规金融的发展创造了广阔的空间。由于非正规金融具有信息成本优势、交易成本优势、担保财产优势和社会资本的约束优势,因此非正规金融在农村发展迅速。学者研究表明,传统农户和新型农业经营主体均受到不同程度的信贷约束,从金融机构获得的贷款不能满足发展需求（吴典军,张晓涛,2008;周杨,2017）。根据统计数据,农村从正规金融机构获得的贷款约为 30%,其余多数来自非正规金融机构。非正规金融在农村经济发展过程中不可或缺。但在发展过程中,也存在监控缺失、流动性过大、违约的现象,从而造成非正规金融的崩溃。研究认为,应该从以下几个方面规范农村非正规金融的发展。

(一)甄别有效的非正规农村金融组织

农村非正规金融具有能弥补农村地区在金融供给缺乏、缓解信贷配给困难、优化农村金融资源配置的优势,即使经历过几轮清查和整改,依然普遍存在,并且部分农村经济和民营企业还强烈依靠民间金融,这也说明民间金融具有旺盛的生命力,应该加以积极引导,规范管理。可以甄别发展良好的非正规金融组织,将其发展成为农村村镇银行、社区银行,延伸农村金融体系建设的"最后一公里";对于缺乏发展潜力、套取国家政策利益、甚至存在违法经营的非正规金融组织,必须建立退出机制,这是保护农民财产安全的必要手段,也是建立生态良好金融体系的重要手段。

(二)建立有效的产权制度

农村非正规金融体系构建的关键在产权的界定、安排、经营等。完整的产权运行制度,可以促使大量的产权产生,形成多元化产权主体的市场竞争。农村非正规金融机构的设立和经营,应当依照公司制度执行。其产权结构应与正规金融制度完全不同,以股权制的形式出现,准许包括个体资本、私人资本、集体资本的多种渠道资本的介入,同时根据市场经济发展的需求,采取各种产权归属明确的形式。

(三)开放非正规金融市场利率

非正规金融的自发产生,使其贷款利率更能代表市场行为的下滑,更加接近市场均衡的利率水平。所以,在目前改革极其困难的情况下,可以将非正规金融作为利率市场化的一个试验主体,以官方利率为标准,实际上则按照资金供求双方实行借贷时的风险与交易费用加成定价的方式来确认利率,也就是说,按照贷款的主体、用处、紧急程度和贷款周期,自行确定贷款的利率,充分发挥利率在优化资金配置方面的作用,也为正规金融的市场化利率改革提供有益的经验探索。

（四）加强农村非正规金融体系的监管

我们建议逐步建立农村非正规金融监督管理体制，以中国银监会的监督管理为主、行业的自律管理为辅，加强对农村非正规金融立法的研究，并实现标准化、制度化和法治化的农村非正规金融监管，促使农村非正规金融组织规范化发展，也促使农村非正规金融组织与正规金融组织能在同一水平上竞争。

（五）加强与正规金融的合作

正规金融与非正规金融的有效合作能够促进农村经济发展。研究表明，正规金融向非正规金融提供低利率信贷，能够吸引大量的农村非正规金融机构进入，从而引导非正规金融的竞争，有助于农户获得低利率的信贷。加塔克和吉南（Ghatak，Guinnane，1998）等均指出非正规金融的熟人环境能够转嫁正规金融机构面临的信贷风险，而两者的合作能够实现规模经济效应，提升风险控制水平和经营管理能力。

一般而言，从成长模式分析，两者的合作可以分为四种类型，主要是寄生式、偏利式、独立成长的对称互利模式、依赖成长的对称互利模式。根据我国区域经济发展的差异，选择适宜的合作模式，但是不论哪种合作模式，都应该做到以下几点。一是重视合作中正规金融的引导作用，在国家政策的大力支持下，正规金融支持农村经济发展的力度越来越大，正规金融在农村信贷中占有绝对优势，因此要分清两者的主次关系，发挥正规金融在金融服务创新、风险管理、收益管理等方面的优势，确定两者之间的合作框架，引导非正规金融的发展。二是加强管理约束机制。金融管理部门以及相关的农业管理部门、统计部门等要定期开展联合检查，建立非正规金融的风险预警管理机制，加强对正规金融的监管，根据风险评估等级建立相应调节机制，当然应该包括完善的退出机制。三是充分发挥市场的力量。识别和培育具有良好社会资本的非正规金融机构，鼓励多种形式的非正规金融参与正规的金融合作。运用市场的力量来推动正规金融和非正规金融的合作，找到两者利益联结的均衡点，反映农村资本需求的真实现状。

五、做大做强农村农业保险

(一)增加保险产品的开发力度

对保险公司实行激励政策,建立区域保险产品研发中心,尽快研发一系列保费适度、保障适度、通俗易懂的"三农"保险产品。建立农业保险风险与巨灾风险基金,建立以商业保险为导向的农业保险支持机制,通过技术、服务和网络支持农业保险,扩大覆盖面,提升服务质量。大力发展农村基础设施建设项目保险,紧密围绕新阶段乡村振兴战略的实施,开发和推广农村的公路、水利、电网、能源、住房建设和其他项目的质量保险和责任保险,鼓励工程建设单位和施工企业投保,并提供农村地区基础设施建设的风险保障。尝试开发农村住房保险,促进农村住房火灾公众责任保险的发展。大力发展农村商业保险,重点发展农村医疗保险、农村养老保险和农村财产保险。建立多层面"三农"保险制度,要关注农民工、无地农民、老年人的医疗以及养老的问题,完善农村社会医疗保险和基本养老保险,健全新型农村合作医疗保险制度,发展费率低、保障适度的商业健康保险和人寿保险。建立适应新型农业经营主体的产业经营风险保险制度,如农业收益保险制度、土地流转风险制度。

2017年8月,四川成都出台了《关于推进农村土地流转履约保证金的意见》,对全市经营规模在50亩以上的参保对象进行财政补贴。以四川成都邛崃市为例,保险费率为3%,以800元/亩的土地租金计算,保费为24元/亩,政府补贴50%,剩余的12元/亩由农户和业主按照2∶8比例分摊,这就给农户和业主双方吃了"定心丸",农户减少了业主跑路带来的土地损失风险,业主也可避免农户提高土地租金的变动,放胆放手投资农业。这一保险"蓝海"市场,引来多家保险公司的激烈竞争,进一步丰富了农村金融体系建设。

(二)农业保险组织体系的多种形式和多种渠道的建设

(1)鼓励商业保险公司与政府签订代理协议,代办农业保险业务。目前国内综合性保险公司都在积极开展农业保险业务板块。其中,中国人保财产保险公司(PICC)占据大半业务。以 2015 年为例,农业保费总收入为 374.7 亿元,PICC 的农业保费收入达到 189.44 亿元。

(2)在财政资源丰富的情况下,支持地方政府出资设立政策性的农业保险公司,如目前运营良好的专业农业保险公司安华农业保险、安信农业保险公司、中原农业保险、国元农业保险。

(3)构建由中央和地方财政支持的农业再保险体系,成立专门的农业再保险公司,以分散农业保险承办机构的风险,尤其是针对农业巨灾风险,通过多渠道的承保体系分散农业保险。

(4)引入具有农业险经营先进技术和管理经验的外资或者合资保险公司进入农业保险体系,形成多元化的竞争格局。早在 2008 年,中国保监会就表现出对外资开展保险业务的积极态度。

第三节　加快农村金融工具创新

一、扩大信用贷款范围和品种

抵押贷款虽然可以降低金融部门的经营风险,但抑制了农民,尤其是中低收入且无法提供抵押品的农民的贷款需求。采用小额信贷、农民贷款等方式扩大信用贷款,可以解决当前中低收入农民贷款需求不能得到满足的问题,有利于缓解农民贷款难问题,降低交易费用。

此外,农村金融部门还可结合农村经济发展的实际需要,扩大贷款的品种和范围。如向农民提供旨在用于农田基本建设方面的长期信贷支持;为农民提供短期资金周转贷款或小额信贷,帮助农民发展多种经营;发展农村迫切需要的养老储蓄、医疗储蓄、教育储蓄以及农业生产储蓄等专项储蓄品种。由于非正式金融机构不具备从制度上允许增加新储蓄品种的条件,实际上,增加新储蓄品种可以提高正式金融机构的储蓄服务供给竞争力,使正式金融机构获得一定的经营优势。

（一）建立农村综合发展基金

基金应主要来自中央和地方的财政资金,同时积极吸引社会资金参与。在国家的大力支持下,现代农业的利好趋势逐渐引起社会资本的利润追逐。

基金主要用于通常意义上的农业生产,包括农业科技投入、引进先进技术、农业服务体系建立和农业结构战略性调整等方面。基金用途可以大致分为三个板块。第一部分主要是用于农村信用优良的普通农户创业贷款。这部分资金的使用应借鉴目前银行发放小额农贷的做法,在完善的农民征信体系没有建立起来时,利用政府部门出面建立的信用村、信用乡镇对信用社发给《信用证》的农民优先授信,尤其是信用好的农民。在很多农村家庭,农村青壮年劳动力大量转移,尤其是男性青年,留在家里从事农业生产的多少是妇女和老人。实证研究证明,农村地区妇女贷款的偿还率极高。因此,对信用优良的农村妇女可以从基金中尝试直接发放贷款,采用优惠利率。第二部分主要用于农村基础设施建设和农村社会公共产品的提供,如农村养老服务、公共文化服务、社区公共事务开支。这部分资金可以信贷给农村集体经济组织,采用优惠利率,或无偿使用,但要监测资金的使用效率。第三部分主要用于农业生产的融资租赁,如大型农机具的购置或固定资产的建造。它主要适用于新型农业经营主体,结合地区对国家新型农业经营主体的扶持政策,配套使用基金,发挥基金的社会资本撬动效应,为农业的集约化生产提供金融服务。

（二）鼓励在农村设立民营村镇银行

目前我国大银行信贷管理中存在的弊端和缺陷,可以通过民营银行得以补充和解决。民营村镇银行有许多运营管理上的优势。2007 年,国内第一家村镇银行,四川仪陇惠民村镇银行挂牌成立。至今,村镇银行已悄然走过十多年。统计数据显示,截至 2016 年末,全国已组建村镇银行1519 家,已覆盖全国 31 个省份的 1213 个县(市),县(市)覆盖率达到67%;资产规模已突破万亿元,达到 12377 亿元,民间资本占比达 72%;各项贷款余额 7021 亿元,农户及小微企业贷款合计 6526 亿元,占各项贷款余额的 93%,500 万元以下贷款占比 80%,户均贷款 41 万元,支农支小特色显著。村镇银行之所以表现出良好的支农效果,主要是因为具有以下发展优势。

1. 体制上的现代性

产权清晰是市场经济发展的基本前提。民营村镇银行可以采用所有权与经营权上的两权合一,也可以通过股份方式吸引社会资本投资,产权清晰、权责明确的现代产权制度奠定了民营银行运营的基础。

2. 机制上的灵活性

民营银行布点设网完全以市场为导向,不受行政区划的约束,可尝试开发金融新产品,贷款利率、贷款期限灵活。尤其是在乡村空心化比较严重的情况下,民营银行可以根据新农村社区规划的居住集中度选址设点;或者围绕村镇产业发展特色,开展全程产业链的金融服务,不必受金融体系纵深方向的权限审批制约。

3. 信用上的创新性

金融产品的不断创新,才是银行发展的不竭动力。例如,民生银行之所以发展迅速,就在于它的产品不断创新,其推出的"为买方付息"等几个新产品,堪称国内银行业第一,带来了可观的效益。同时,民营银行的信用渗透能力非常强,在四大国有银行不愿进入的范围,它们都可以进入,具有填补空缺的作用。

4. 管理上的民主性

民营村镇银行具有民主管理的特点,这是因为民营银行的自有资金股本是通过民主化程序融资形成的,其出资人同时是管理者和风险承担者,这就决定了原始股东在成立之初便形成了经济契约关系,利益共享、风险同担,可以大幅提升运营管理的效率。

(三)发展政策性信用担保机构

担保机构,被称为企业和银行之间的贷款"桥梁"和信用"润滑剂"。普通农户或小微企业贷款融资困难,主要是因为缺乏有效的担保机构。

目前存在的商业性融资担保机构毕竟有营利需求,如果收费过低,不足以弥补风险,生存受到困扰,且伴随经济下行压力,企业信用风险上升,所以出现了商业性担保机构相继关闭的情况,这就导致小微企业融资更加困难。因此,为解决这一问题,可以考虑成立政策性融资担保机构。早在2015年,李克强总理就指出,应该部署加快融资担保行业改革发展,更好地发挥金融支持实体经济作用。在坚持市场主导和政策扶持相结合的前提下,有针对性地加快发展融资担保行业,探索建立政府、银行和融资担保机构共同参与、共担风险机制和可持续的合作模式,鼓励有条件的地方设立政府性政策担保基金,提高担保的有效性,降低农民贷款的融资成本。

(四)鼓励发展全覆盖的普惠金融

联合国在2005年"国际小额信贷年"之际提出"普惠金融体系"。它的重点就在于最大限度地让所有需求主体获得所需要的金融产品及服务,并确保供给主体的可持续发展。但由于金融排斥的存在,农村经济主体很难在正规金融机构获得贷款,相对于社会其他人士,农民获得商业性金融贷款的限制较多。继2012年,中国国家领导人在G20(二十国集团)峰会上首次解读普惠金融,之后在国家会议上多次提出"发展普惠金融"新理念。普惠金融体系包含以下四个方面:①储蓄、保险、租赁、信贷、兑付、代理、地区和国际汇兑等形式多样的金融服务,只要有需要,都可以通过合理的价格获得。②作为完善而健全的金融机构,都要在遵循内部管理制度和行业业绩标准的基础上接受市场的监督。③长期的金融服务需要金融机构的可持续发展予以保障。④金融领域的有效竞争必不可少,这样才能为客户提供更高效、更多样的金融服务。普惠金融旨在为所有人提供金融服务,普惠金融的重心在农村,农村金融体系和普惠金融的发展水平对一国或一地区普惠金融的发展起关键作用。惠普金融体系构成要素见图6-1。

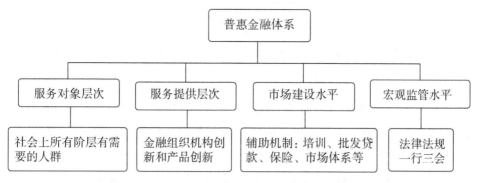

图6-1 普惠金融体系构成要素

二、构建多层次农村合作金融体系

在商业贷款市场失灵和政策性融资支持不足的双重困境下，农村合作金融应运而生，成为农村金融体系构建的重要方向。合作金融是指按照规范的合作制原则建立起来的资金互助组织形式，它可以利用从银行或政府机构获得的资金或社员股金、存款向合作成员提供贷款。合作金融一般是在较小的具有利益相关性的团体中开展，由成员自愿入股组成。由于成员间彼此相互了解、相互信任，信息比较对称，对贷款可以进行低成本的监督，能够比较有效地解决小额信贷过程中的逆向选择和道德风险问题。一般而言，合作金融主要有以下四种形式。

（1）银监部门批准成立的农村资金互助社。这是一种纳入银监部门监管的正式的非银行金融机构，可在互助社内部开展存贷款、办理结算等业务。2007年3月9日，梨树县闫家村百信农村资金互助社被中国银监会确定为全国首家农村资金互助社，标志着重构新型农民信用合作组织拉开了历史序幕。截至2013年底，全国有200多家资金互助社，在农村经济发展中起到一定的资金支持作用。

（2）扶贫部门在贫困村设立的扶贫资金互助协会。这些协会以社团法人的形式存在，互助资金主要由财政扶贫资金和村民自筹资金构成，在协会内部的会员之间开展资金互助。

（3）在农民专业合作社内部的社员间开展的信用合作。通常以行政村为地域范围，采取股金与互助金形式，集中社员的闲置资金，设定一定的费率，为社员提供融资服务。此外，一些农民专业合作社自愿组成联合社并且登记注册。党的十八届三中全会、2014年中央"一号文件"提出明确要求，允许农民合作社开展信用合作、培育发展新型农村合作金融组织。农业部同银监会先后下发了《关于引导农民合作社规范有序开展信用合作的通知》《关于引导规范开展农村信用合作的通知》，明确了合作社开展信用合作的原则和政策界限。根据统计数据，截至2014年3月底，全国开展信用合作的农民合作社有2159家，合作社成员52.6万户，其中参与信用合作的有19.9万户，累计筹资36.9亿元，累计发放借款42.4亿元。一些地方围绕信用合作开展有益的尝试，已取得了良好效果。但总体上看，合作社内部信用合作还处于自发探索阶段，对信用合作的理论基础、内涵特征、运行机制等缺乏深入系统的研究，在实践中认识也不尽一致。

（4）供销社主导的资金互助合作。主导机构主要是供销系统，合作社运作模式与第一种、第二种类似。

三、构建多元化农业保险服务体系

无论是产业发展，还是乡村建设，保险制度都不可或缺。尤其是农村经济发展，由于农业产业本身的高风险和经营主体的弱质性，都应该给予更多的保险支持。对比城市发展过程中市场主导的保险体系，在农村经济起航过程中，需要建立多层次的保险体系为农村经济发展保驾护航。

（一）多元化的风险分散制度

我国国家层面尚未建立统一的农业再保险制度及巨灾风险保险制度，以致于每当巨灾发生时，农业保险赔付率偏高，无论是保险公司还是投保农民都承担较大损失。因此，我国应当构建多层次农业风险保障体系。在强制实行巨灾保险的前提下，当巨灾来临时，由原保险公司、再保险公司及政府各自分担保险损失。原保险公司及再保险公司按保险责任进行赔偿，其余由政府的巨灾保障基金共同承担。也可以建立农业巨灾证券化体系，完善农业保险经营风险的分散方式，为农业风险提供保障。

（二）农业保险业务品种多元化

我国农业保险品种范围较窄，保险对象主要集中在农作物和养殖业保险上，从产业流程看，主要集中在农产品的生产管理环节，而且农作物和养殖业没有按生产周期进行详细划分，以致保险品种单一。因此，应当对农业保险品种进行多元化创新，可以对保险品种深度创新，将保险公司承保的自然灾害品种延伸至农业一切财产保险，并且加强保险品种的广度创新，将农作物保险范围从灾害保险延伸到农药污染、农产品价格等经济风险。而且可以针对养殖业和农作物成长周期创新具有周期特点的农业保险品种。另外，还可以实行"小额信贷+保险"的模式创新农业保险品种，规避农产品面临的市场价格波动风险。

（三）风险保障提供主体多元化

（1）建立以提供经济补偿为宗旨、不以营利为目的的政策性农业保险公司，对国家产业政策扶持的、关系到国计民生的、财政给予补贴的农业产品给予经营性补贴和其他扶植。

（2）引导民间成立非营利性的合作保险组织，由面临相似风险、具有良好经营管理能力、具有保险要求的主体组成保险组织，类似于保险合作社，投保险的同时也由保险组织的所有者互助共济、利益共担。每个社员为其他社员提供保险，同时，每个社员也获得其他社员提供的保险。这种保险组织在欧美国家比较发达，如美国的同胞社、英国的友爱社等。在农业方面，日本的农业合作社是办理农村保险最为活跃的组织，它提供的保险包括农村房屋保险、人寿保险、损坏保险等。一般是社员与基层社签订互助协约，再由上一级联合会提供再保险，即转分保，基层社基本不承担风险，筹集的保险资金存入农业合作社系统的联合社或者中央农林金库，用于购买债券或农林公债，确保保险资金的安全性和收益性。

（四）农业保险业务发展配套政策多元化

（1）加快农业保险立法建设。农业保险的法律建设在我国一直未予以明确。《农业保险条例》于 2013 年 3 月 1 日起开始实施,为《农业保险法》的出台提供了法律基础。相较于一般的商业保险法,《农业保险法》应该更好地体现社会效益优先的原则,同时应该将法律规范与现代农业发展规范相结合,以此来确保其适用性。因此,国家应该尽快出台《农业保险法》,通过立法形式对我国农业保险的政策性属性予以明确,同时明确政府的管理职能、管理方式及保险人与被保险人的权利义务等。

(2)建立社会诚信基础。诚信是保险双方互利的基础。建立社会诚信机制是保险运行的社会基石。为此,要利用现代传播体系,提高农民对农业保险的认识水平,增加农户投保的积极性,树立信用观念,防范由于信息不对称造成的搭便车行为,甚至骗取保费的道德风险。同时,承保公司应该提升保险理赔服务效率,从事后保险转移到事前风险防控管理,加强风险预警、风险评估管理,真正做到减少损失。

四、促进农村小额信贷的可持续发展

当前我国农村的小额信贷业务虽然取得一定的成就,但存在机构供应不足、财务运营困难、风险控制机制不完善等弱点。针对小额信贷存在的弊端,应着重从以下几个方面促进农村小额信贷的可持续发展。

(一)推动农村小额信贷新型组织的发展

2006 年 12 月,银监会鼓励境内主要商业银行和农村合作银行设立专营贷款的子公司。据中国小额信贷机构联席会统计,截至 2014 年底,我国小额贷款机构总量在 8900 家以上,从事小额贷款的业务人员达 11.7 万人。虽然我国农村小额信贷取得了一定的成效,但是面对巨大的农村资金需求市场,应当继续推进其发展,设立专业性的商业小额贷款公司。同时,法律上应尽快突破限制,允许民间资本设立小额信贷公司,不吸收任何形式的存款,不得搞变相集资,资金主要运用于农民、个体经营者和小微企业发放小额贷款,立足于农村,服务于“三农”,助力乡村振兴发展。

(二)实现小额信贷机构的可持续发展

为保证小额信贷业务的发展和对贫困阶层信贷业务的可持续性,应实现小额信贷机构在财务上独立的、可持续的发展,这是小额信贷机构能够持续运作的关键所在。一些学者估计小额信贷利率不低于25%时才能实现财务上的可持续发展,而农村小额信贷贷款资金回报率低,最好的项目仅能达到7%~8%,非政府小额信贷已经面临很大的生存压力。为实现小额信贷的可持续发展,应当逐步放开对小额信贷贷款利率的管制,实行利率市场化,按照资金供求变化适当调整利率,弥补贷款成本,实现财务上的可持续性。

（三）创新小额信贷担保机制

信用风险、农业弱质性导致的市场风险,使小额信贷面临一定程度的违约风险,因而小额信贷要创新担保机制,建立新型担保制度。对于信用风险,应继续实行已经有效开展的小额信贷联保机制,即由多个不含直系亲属的农村借款主体组成、相互联保、责任连带、不需提供抵押物的担保制度。同时,应当实行"小额信贷+保险"的模式规避由农业弱质性及贷款人家庭变化带来的市场风险,在发放小额信贷贷款时,向农民推荐一种捆绑式的保险,贷款发放机构为第一受益人,以保证金融机构可以收回本息。由于现阶段农民保险知识匮乏,对保险认同率较低,可以通过财政补贴的方式对小额贷款中的保险产品予以"买单",由政府、保险公司、小额贷款公司共同承担市场风险。

（四）完善小额信贷资金来源

我国的小额贷款资金对于巨大的农村资金需求而言是杯水车薪,应多方面筹集小额信贷的资金供给机制。可以通过农村信用合作社、农业银行等金融机构调剂农村地区间的资金余缺,然后通过协议存款或者同业拆借的方式融通给农村小额信贷公司。或者引导社会民间资金,依法组建小额贷款公司,把民间资金引入小额信贷轨道。地方政府可以牵头试点建立风险补偿基金,用于弥补自然灾害等不可抗拒因素等形成的农民小额信贷损失,从而多渠道完善小额信贷资金来源。

五、创新农村其他金融工具

（一）创新农村信贷产品模式

小额信贷无法满足农村企业及农民规模化经营需求,要求创新农村信贷产品满足农村经济发展的需要。

针对农业生产高风险的特点,农村大额信贷可以采取与小额信贷模式相似的贷款模式,即农业信贷与农业保险相结合。在农村企业和规模化农民信贷审批时,采取多方宣传、自愿购买的方式,鼓励农村信贷与农业保险相结合,防范由农业或农村企业生产不确定性及高风险性带来的信贷损失。

创新“公司+农民”的信贷产品。在农业以产业化、集约化为特征的现代化发展方向中,农村涌现出农林牧渔业的产业化龙头企业,应当积极创新农村信贷产品,推出适用于农村地区的“公司+农民”信贷业务品种。由农民与农村龙头企业签订协议,对农民的信贷由企业提供担保,信贷资金用于企业购买种苗、饲料等,还贷来源为收购农民产品后应支付的收购款。这种创新信贷模式,保证公司产品销路或原料来源,同时农民又获得信贷支持,扩大生产。

创新服务农村城镇化的信贷产品。随着农村城镇化进程的加快,农村地区贷款不仅需要农林水利等方面的支持,而且需要在城镇化过程中市政基础设施建设、城镇公共设施建设等方面的信贷支持。应当根据不同的客户需求定制多样化的产品,如县域园区、流通市场建设及土地整理贷款等多种细化信贷产品,促进农村城镇化建设,改善农村生活环境。

农村信贷业务的担保方式创新。针对农村信贷中担保物较少的情况,创新农村信贷中的担保方式。例如,实行小额信贷中的“联保”制度,以5户没有血缘关系的农民家庭为1组,互相为其他农民的信贷提供担保,分散担保损失。同时,探索对集体建设用地使用权、林权的抵押担保,探索以集体土地及其地上建筑物、林木使用权作为抵押物向金融机构提供担保的方式,使集体企业、农村个人的财富价值得到体现。

（二）创新农村金融产品

金融市场结构复杂，包含票据市场、股票市场、债券市场、衍生工具市场等。当前，我国农村企业和农民正由分散、小额向集约、规模的现代农业发展，仅凭农村经济主体的资本积累、政府"输血式"补贴以及正式金融的信贷支持是远远不够的，更需要创新农村金融产品，促进农业证券等金融产品的发展，筹集农业发展资金。

培育农业股票市场。证券市场融资是产业经济发育充分的重要标志。截至 2015 年，在深市和沪市 2593 支股票中，农业类股票是 65 支，占比 2.5%。这种状况与现代农业的发展需求相去甚远，需要遴选资金实力较强、发展前景较好的农村龙头企业，规范企业组织形式，建立现代法人治理结构，通过公开发行股票筹集资本金，引进农村多种经济主体进行股份制改造。例如，采用"农户+专业合作社+龙头企业"的生产模式进行上市融资，例如广东温氏集团，这种方式即可以为企业获得税收优惠，又能为农户带来可持续收益。建议选择区域农业龙头企业，建立企业与农户之间的紧密关系，重点支持"基地+农户+农民合作社+龙头企业"的模式，提升企业的管理能力和营利水平，鼓励符合条件的企业在沪深两市证券市场融资，拓展企业的资金获取渠道，进而提升农村金融的现代化水平。

适时发展农村期货、期权市场。加入世界贸易组织后，我国农村经济随着国家与世界的接轨而融入国际市场，应当加大对我国农产品期货品种的创新。一般而言，农产品期货市场可以克服农产品因为交易价格的波动而不能顺利履约的缺点，克服即期、远期交易市场的固有缺陷，对未来交易结果进行锁定。这有利于平衡市场供求、农产品价格发现，对政府而言，为其宏观经济政策调控提供参考依据。截至 2015 年底，我国农产品期货共成交 9.78 亿手，成交金额 34.89 万亿元，分别占期货市场总成交量和总成交金额的 30% 和 6.47%；根据美国期货行业协会（FIA）统计，2014 年交易量排名前 20 位的农产品期货和期权产品中，中国内地的农产品期货占比超过 50%。就国内市场分析，对比其他期货市场，农产品的持仓量较低，能够进入排名前20位的主要集中在油脂类合约和软商品合约,而农副产品合约占比极低。因此,应该从产品设计、合约类别、交易规则上创造出更多的农产品期货类别,通过农产品期货市场建设,以金融市场的完善建设保证农户的基本收益和农业产业的发展质量。

第四节　优化农村金融市场环境

一、稳定宏观经济发展,促进经济可持续发展

健全的金融机构和良好的财务秩序要求良好的市场经济秩序和稳定的经济政策。从最近几年农村金融机构改革发展上看,政府不能过分参与和干涉金融企业的正常运行。为了给金融机构的生存发展提供必要条件,就需要保持宏观经济运行的稳定性、宏观经济政策的连续性和一致性,加速农村全面改革发展进程。

目前,国家普遍采取的农村信金融机构改革的方案和最新的政策措施中,一般都是由国家硬性规定农村金融机构的贷款支农比例。这一措施是必要的,符合国际惯例的。但是从过去的历史经验中也可以知道,农村金融机构"非农化"的趋势并不是依靠国家硬性规定贷款的比例能够扭转的。农村金融方面的问题其实是农村各类问题的综合反映,需要政府、财政和金融机构三者的共同努力,才能根本性地解决农村金融机构的"非农化"趋向。

一方面,在农村金融改革的进程中,政府要发挥好引导作用。主要包括加速调整农村的产业结构,引导农民的农业活动向专业化、商品化、品质化发展,提升农户生产的组织化程度,提高自身的生产经营管理能力和市场谈判能力。另一方面,市场要在资源配置过程中起到决定性作用。可以借鉴当前的农村集体产权改革,通过股份化方式,揭示农村的资源价值,统筹利用好农村各项生产要素,大力推进农村一、二、三产业融合发展。积极发展小城镇经济,全方位振兴农村经济,重新认识乡村价值,挖掘乡村价值,为农

村经济发展提供良好的宏观经济环境。

二、完善金融扶持机制，突出政策性金融的作用

当前，中国城镇化进程处在加速上升期。党的十九大报告做出了"中国特色社会主义进入了新时代"的重大判断，在这一背景下，中国城乡关系由十六大提出的"统筹城乡经济发展"跃升为"城乡融合发展"，并提出"乡村振兴战略"作为这一历史时期农村发展的新思路和新战略。在这一指导方针下，农村金融发展将迎来新的历史契机。

（一）丰富农业发展银行的资本金

资本金是银行最基础的资金来源，在银行的经营、管理及发展中起着非常重要的作用，是银行资金实力的标志，也能从中看出银行承担风险的能力。中国农业发展银行成立于1994年，主要职责是按照国家的法律法规和政策方针，以国家信用为基础，承担农业政策性金融，为农村和农业经济发展服务。从2004年国家首次在中央"一号文件"提出"三农"问题以来，农业发展银行不断加大对"三农"的投入力度，从2004年到2014年，农业发展银行累计投放粮油收储贷款3.7万亿元，相应的资产规模也从7190亿元增加到3.7亿元，对维护农民利益、国家粮食安全做出了重要贡献。但是国际数据显示，2014年全球十大银行资本实力排行中，中国四大国有银行进入前十位，农业发展银行并没有进入，且与四大国有银行的实力相距甚远。考虑到政策性银行承担的国家战略部署任务，应该大力充实农业发展银行的资本金，提高农业发展银行的信贷额度，提升农业发展银行的支农力度。

（二）增强国家财政安全，创建风险赔偿机制

金融市场引起的价格波动会影响财政补贴额度，否则会出现银行投资收益低于融资成本的亏损差。与此同时，创建风险赔偿机制，适当降低在落实国家政策分发的农村政策性贷款中隐性的风险。

三、建立农村信用体系，降低农村金融交易成本

金融市场健康运行的基本前提是需要一个完善的社会诚信体系。对于

农村金融市场而言,融资主体的诚信体系建设尤为重要。农村金融机构交易的主体是数量广大的农民和农村中小微企业,有严重的信息不对称的问题存在,对农村金融机构来说,实行信用评级、建立信用档案、健全完善个人信用体系有更大的意义。这方面,我们可以参考国外成熟的经验和实践,与中国农村发展的现实情况相结合,创建符合中国特色的农村金融信用评级和档案制度。为了快速扩大和完备客户信用记录,有必要建立一个金融信用档案系统,并对所有的金融机构开放使用。建设中国的农村信用体系是一项耗时较长且艰巨的任务,不是一蹴而就的,从建设机制而言,我们认为有如下几点意见。

(一)政府应该提倡加强信用观念,并起到遵守信用的带头作用

政府部门信用观念的强弱与否,关系到一个国家或地区是否能够建立起良好的信用秩序。政府遵守信用的关键是保护和尊重产权,建立起信用的传统理念。

(二)建立健全法律制度,以营造正常的信用关系和环境

要有效地约束所有债权人和债务人是不能单独依靠道德力量,法律的用处才更为重要。我们必须采用法制的方式来进行所有的信用活动,形成有法可依、有法必依、违法必究的法制环境,建立有法律基础的市场经济,以维护和培育良好的社会信用秩序,使经济主体有意识地讲求诚实信用。

(三)建立个人信用甄别机制,揭示信用的经济价值

建立个人信用甄别机制,根据基层村级组织的社会评价、个人成长发展情况建立个人信用记录,按照评价结果,建立个人诚信档案,并区分等级,让信用等级高的农民更加快捷地获得贷款,获得更多的金融服务。同样,依靠法律与金融市场双重惩罚失信行为,惩罚失守信用的人。增加失信的惩罚成本,形成信用与金融服务良性循环的机制。发挥市场对诚信这种无形的声誉资源的配置功能,"自然净化"农村金融供需市场:遵守信用的人,声誉资源得到增值,个人将会获得可持续发展;而失信群体会被逐渐淘汰出局,发展受到严重制约,甚至会被金融市场淘汰出局。

四、深化产权制度改革,落实"三权"抵押融资政策

较大的投资风险、长期的投资回报期和较低的利润水平长期制约着农业贷款发展。与此同时,银行贷款明确规定,贷款人必须有满足贷款条件的抵押物和担保人。但由于农村资源产权的多维属性,所以农户可支配的资源尚不具备银行要求的完全产权属性;由于农户的社会网络较为狭窄,所以良好的担保人资源也十分稀缺。因此,通过实物抵押或担保信贷的贷款模式在农村受到极大制约,真正有贷款需求的农户一直游走在农村金融市场的边缘。

2014年中央"一号文件"首次提出赋予农民对承包地承包经营权抵押、担保权能。要城乡统筹联动,赋予农民更多财产权利,推进城乡要素平等交换和公共资源均衡配置,让农民平等参与现代化进程。因此,全国各地积极开展"农村土地承包经营权、林权和宅基地使用权(含房屋所有权)作为有效担保物"向银行抵押融资。与此同时,各地积极探索推进模式,建立农村资源产权交易平台,从产权的评估、交易、信贷发放等环节建立了相应的管理制度。但从整个系统的运作来看,仍然有诸多改革需要深入推进。

(一)建立规范的产权交易流通市场

完善的交易市场为产权有效性甄别的基础,是引入金融资源的基本前提。中央"一号文件"多次提出赋予农户更多的财产权权能,促进农户增收。主要机理在于:一、通过产权抵押能够唤醒农村沉睡的自然资源,为农户创业创新提供金融支持;二、产权的权能强化能够促进资源的流通,提升资源的配置效率,农户可以通过入股,合作等方式获得更多的财产性收益。

要实现上述政策目标,必须做到以下几点。

第一,要合理界定产权边界。

第二,要建立良好的产权交易流通市场。农地"三权"分置的创新举措,为土地经营权流转奠定了基础,但对土地流转的供需双方要做有效的评估。一是主体评估。转出农户是主动流转,转出后有良好的生计能力和生活保障;转入土地的经营业主,经营能力良好,有科学的发展规划。二是流转的合同审核。土地流转双方就土地流转的课题界定、双方的权利义务必须符合当前的法律法规,双方必须有良好的利益共享机制,协同转入方的经营收益与转出者的权益保护,达到均衡,保证土地流转后资源配置效率提升,实现农村资源的价值及农户拥有的产权价值。

第三,是建立合理的交易机制。适当引入竞争谈判机制,能够协同双方的利益均衡。当前土地流转的组织方式主要有两大类。一是流转双方直接洽谈,这在农户组织化程度较高的地区较为实用,能够减少交易成本,提升交易效率,这是市场竞争的基本规则。二是基于第三方协调的交易机制,一般由村委会当中介人,一方面动员农户积极参与土地流转,做好流转土地的连片成方以及适度整理,另一方面积极寻求优秀的经营业主,促进农地资源、企业家才能、劳动力等生产要素的合理配置。这种方式适用于经济发展程度较低的区域,农户的市场认知程度还不是十分完善,尤其是西南山地区域,很多农户转出土地的意愿较强,但经营业主较少。无论何种组织方式,都应该坚持市场在资源配置中的决定性作用,为金融资本的介入建立良好的市场秩序,减少土地经营权、农村宅基地或者山林权流转纠纷带来的融资风险。

(二)加强法律服务的支持,完善农村产权抵押贷款的案件纠纷

市场经济完善过程中,因外界的环境变化和内部的规划调整总会有财产纠纷产生。农村产权交易过程中,产权变动引起的利益纠纷近年来频繁发生。建议高级人民法院制定《关于推进农村产权流转创新提供司法保障的意见》,尽快建立完善涉及农村"三权"抵押贷款法律纠纷的执行程序、操作规则及具体的司法解决途径,化解经营风险,尽量减少贷款损失,为金融机构增加"三权"贷款投入排忧解难。

同时,金融机构要正确处理银行自身维权与切实保护农民合法权益之间的关系。农村"三权"抵押融资工作是国家重要的民生工程之一,也是农村金融创新的重要举措,保护农户的合法权益是这项工作的基础。因此,金融机构要把握三个要点:一是要在贷款业务办理前,做好融资政策的宣传工

作,保证贷款人的知情权;二是在贷款抵押品的选择和价值评估上,要尊重市场在资源配置的决定作用,充分与贷款主体协商,双方达成一致;三是在需要处置抵押物品时,尽可能寻求最佳的处置方案,最大限度地减少农民损失,以土地经营权处置为例,可以寻求更好的经营业主,确保资源的有效配置,尽可能保证农户利益不受损害。

(三)加大政策的宣传力度,提高农村产权抵押贷款的社会接受度

"三权"抵押贷款作为全国农村金融改革发展的新鲜事物,主体对象是广大农民、新型农业经营业主,贷款客体主要在农村,目的是提升农村经济发展中的金融支持力度。因此,需要深入广泛的宣传,主要是提高农户的认知度,减少主体需求不足造成的金融抑制。如重庆市出版的《农村"三权"抵押贷款实用手册》,以一问一答、有问必答的方式,汇总了涉及"三权"抵押的各项政策规定、银行贷款程序、办理登记要求,认真回答了农村"三权"抵押贷款涉及的207个问题和12个实践案例,从而激发广大农民的创业热情,增强农民的创业信心,使农民充分感受到国家对农村的重视与支持。这有效激发了农村金融市场的需求,进而也激起了金融工作者积极投身农村金融服务创新的热潮,切实激起农村金融市场的活力,为农民增收、农村经济发展提供最有力的金融支持。

当然,在此基础上,各地方也可以利用现代媒体网络,生动地展示农村"三权"融资的政策体系和操作实务。除了广大农民以外,对基层干部可以采用专题培训、会议讲解等多种形式,深入开展"三权"抵押的融资宣传,目的在于全方位地让农村融资主体以及管理者充分认知这一新型融资方式,并积极参与"三权"抵押的改革创新,从而提高"三权"抵押融资的社会接受度。

五、完善农村基础设施,建设农村互联网金融

随着互联网技术和金融服务的融合,互联网金融开始进军农村市场,不仅促进了普惠金融的发展,而且满足了农村地区的融资需求。互联网金融

具有门槛低、效率高等优点,将金融服务植根于农业生产的各个环节中,缓解了农户资金需求,提高了金融配置效率。数据显示,截至 2017 年 3 月底,蚂蚁金服在支付、保险、信贷方面服务的"三农"用户数分别达到 1.63 亿人次、1.40 亿人次、4205 万人次。而京东金融如今已经覆盖中国 1700 个县、30 万个行政村。"互联网+"给农村带来了全新的金融业态和金融模式,极大激发了农村金融活力和效率。目前,在很多农村,尤其是东部经济发达省份的农村,几乎家家户户都能熟练使用支付宝、微信等移动支付产品。如今,在 4G 网络基本全覆盖的中国农村,到 2015 年,多个互联网金融服务平台已经针对农村地区的特点,推出了多种金融服务产品。农村互联网金融发展趋势已经势不可挡。技术支撑日益成熟、政府推动创新、农村经济内在需求强劲都是推动它发展的重要驱动力。

完善农村基础设施,建设农村互联网金融是农村经济发展金融支持的重要基础,应切实建设好农村互联网金融,采用"互联网+"模式,创新农村金融体系。第一,因地制宜选择互联网金融发展模式。大力利用大数据的分析技术和经验,因地制宜地选择发展模式。第二,在快速发展的时候,加强互联网金融风险协同监管尤为重要。为使互联网金融健康发展,必须控制好资金流向,确保金融风险维持在最低水平,让互联网金融产品真正服务于我国的"三农"建设。第三,加大农村互联网金融基础设施建设。政府应积极扶持电信企业在农村地区的网络设施建设,提升我国广大农村地区的网络服务水平。第四,完善农村征信体系。在农村互联网金融业务中,建立完善的征信制度十分重要。第五,完善互联网金融法律法规。在农村互联网金融风险预防方面,也需要法律法规的持续约束。第六,加大宣传力度,创新业务形式。互联网金融若想成功深入农村市场,必须加大对互联网金融产品的宣传,让农村地区人口熟悉、接受并应用互联网金融服务。

参考文献

[1] BENCIVENGA V R, SMITH B D, 1991. Financial inter-mediation and endogenous growth[J]. The Review of Economic Studies, 58(2): 195-209.

[2] DOMAR E D, 1946. Capital expansion, rate of growth, and employment [J]. Econometrica, 14(2): 137-147.

[3] FUENTE A L, MARIN J M, 1996. Innovation, bank monitoring and endogenous financial development[J]. Journal of Monetary Economics, (2): 269-301.

[4] GHATAK M, GUINNANE T W, 1998. The economics of lending with joint liability: theory and practice[J]. Papers, 60(1): 195-228.

[5] GOLDSMITH R W, 1969. Financial Structure and Development[M]. New Haven: Yale University Press.

[6] GREENWOOD J, JOVANOVIC B, 1990. Financial development, growth, and the distribution of income [J]. Journal of Political Economy, 98(5): 1076-1107.

[7] GREENWOOD J, SMITH B D, 1997. Financial markets in development, and the development of financial markets [J]. Journal of Economic Dynamics and Control, 21(1): 145-181.

[8] GREGORIO J D, KIM S J, 2000. Credit markets with differences in

abilities: education, distribution, and growth [J]. International Economic Review, 41(3): 579-607.

[9] GURLEY J G, SHAW E S, 1955. Financial aspects of economic development[J]. American Economic Review, 45(4): 515-538.

[10] HARROD R F, 1939. An essay in dynamic theory[J]. Economic Journal, 49(1): 14-33.

[11] HIGGINS B, 1979. Economic development of a small planet[M]. New York: W. W. Norton & Company.

[12] JAPPELLI T, PAGANO M, 1994. Saving, growth, and liquidity constraints[J]. Quarterly Journal of Economics, 109(1): 83-109.

[13] JORGENSON D W, 1967. Surplus agricultural labor and the development of a dual economy[J]. Oxford Economic Papers, 19(3): 288-312.

[14] KING R G, LEVINE R, 1993. Finance and growth: Schumpeter might be right[J]. Quarterly Journal of Economics, 108(3): 717-737.

[15] LEVINE R, 1997. Financial development and economic growth: views and agenda[J]. Social Science Electronic Publishing, 35(2): 688-726.

[16] LEWIS W A, 1954. Economic development with unlimited supplies of labor[J]. Manchester School, 22(2): 139-191.

[17] LUCAS R E, 1989. On the mechanics of economic development[J]. Journal of Monetary Economics, 22(1): 3-42.

[18] PAGANO M, 1993. Financial markets and growth: an overview[J]. European Economic Review, 37(2-3): 613-622.

[19] PATRICK H T, 1966. Financial development and economic growth in underdeveloped countries [J]. Economic Development and Cultural Change, 14(2): 174-189.

[20] RAMSEY F P, 1928. A mathematical theory of saving[J]. The Economic Journal, 38(152): 543-559.

［21］ROBINSON J, 1952. The generalization of the general theory［M］. London：Macmillan.

［22］ROMER P M, 1990. Endogenous technological change［J］. Journal of Political Economy, 98(5)：71-102.

［23］POPKINS B, 1979. The rational peasant［M］. Berkeley：University of California Press.

［24］SAINT-PAUL G, 1992. Technological choice, financial markets and economic development［J］. European economic review, 36：763-781.

［25］SOLOW R M, 1956. A contribution to the theory of economic growth［J］. The Quarterly Journal of Economics, 70：65-94.

［26］曹婧宇, 2017. 金融制度创新与我国西部贫困地区经济发展的关系［J］. 中国市场, (25)：53+57.

［27］兹维·博迪, 罗伯特·C. 莫顿, 2000. 金融学［M］. 北京：中国人民大学出版社.

［28］陈文俊, 2011. 农村金融发展对农村经济增长的作用机理研究［D］. 长沙：中南大学.

［29］大卫·李嘉图, 2005. 政治经济学及赋税原理［M］. 北京：华夏出版社.

［30］高凡修, 2016. 农村金融影响农民增收机制及其异化效应研究［J］. 理论探讨, (5)：100-104.

［31］高西, 贾远远, 2017. 制度安排视角下的中国金融结构调整与经济发展［J］. 中国管理信息化, 20(2)：109-110.

［32］戈德史密斯, 1994. 金融结构与金融发展［M］. 上海：上海人民出版社.

［33］雷钦礼, 2017. 制度环境与经济增长：理论模型与中国实证［J］. 经济与管理研究, 38(12)：3-16.

［34］李强, 徐康宁, 2017. 制度质量、贸易开放与经济增长［J］. 国际经

贸探索，33(10)：4-18.

[35]李义奇，2005. 金融发展与政府退出：一个政治经济学的分析[J]. 金融研究，(3)：88-99.

[36]刘鸿儒，1996. 简明金融词典[M]. 北京：改革出版社.

[37]刘永灿，江东，2016. 农村金融发展对农民增收的影响分析[J]. 山西农经，(2)：30.

[38]孟兆娟，刘彦军，2012. 金融促进农民增收的内涵及启示[J]. 经济论坛，(7)：72-75.

[39]潘林伟，马迪，吴娅玲，2017. 中国金融效率促进经济增长效应的区域差异及地方政府宏观调控的异质需求[J]. 技术经济，36(10)：114-122.

[40]孙旭，2015. 中国农村金融的供给需求分析[D]. 天津：天津财经大学.

[41]托玛斯·赫尔曼，凯文·穆尔多克，约瑟夫·斯蒂格利茨，1997. 金融约束：一个新的分析框架[M]. 经济导刊，(5)：42-47.

[42]汪艳涛，高强，2013. 我国农村金融作用农村经济的路径与实效——基于农村金融运行效率的实证分析[J]. 西部论坛，23(1)：35-44.

[43]魏克赛尔，1959. 利息与价格[M]. 北京：商务印书馆.

[44]吴典军，张晓涛，2008. 农户的信贷约束——基于684户农户调查的实证研究[J]. 农业技术经济，(4)：41-47.

[45]肖干，徐鲲，2012. 农村金融发展对农业科技进步贡献率的影响——基于省级动态面板数据模型的实证研究[J]. 农业技术经济，(8)：87-95.

[46]熊德平，2007. 农村金融与农村金融发展：基于交易视角的概念重构[J]. 财经理论与实践，20(2)：5-11.

[47]熊德平，2009. 农村金融与农村经济协调发展研究[M]. 北京：社会科学文献出版社.

[48]亚当·斯密,2015. 国富论[M]. 北京:商务印书馆.

[49]约瑟夫·熊彼特,1990. 经济发展理论[M]. 北京:商务印书馆.

[50]约翰·G. 格利,爱德华·S. 肖,1995. 金融理论中的货币[M]. 上海:上海人民出版社.

[51]约翰·梅纳德·凯恩斯,1997. 就业、利息和货币通论[M]. 北京:商务印书馆.

[52]姚耀军,2006. 中国农村金融发展状况分析[J]. 财经研究,32(4):103-114.

[53]张扬,2012. 农村中小企业融资渠道选择及影响因素[J]. 金融论坛,(6):50-58.

[54]周杨,2017. 新型农业经营主体信贷需求和信贷约束研究[D]. 沈阳:辽宁大学.